HANYUKOUYUCHANGYONGJU

• 实用汉语学习丛书

汉语口语常用句
Basic Chinese Sentences

柳燕梅 翟艳 编著
朱琳 翻译

北京语言大学出版社
BEIJING LANGUAGE AND CULTURE
UNIVERSITY PRESS

（京）新登字 157 号

图书在版编目（CIP）数据

汉语口语常用句/柳燕梅，翟艳编著；朱琳翻译.
—北京：北京语言大学出版社，2007 重印
（实用汉语学习丛书）
ISBN 978－7－5619－1166－2

Ⅰ.汉…
Ⅱ.①柳…②翟…
Ⅲ.汉语－口语－对外汉语教学－教学参考资料
Ⅳ.H195.4

中国版本图书馆 CIP 数据核字（2003）第 016336 号

书　　名：	汉语口语常用句	
责任印制：	乔学军	

出版发行：**北京语言大学出版社**

社　　址：	北京市海淀区学院路 15 号　邮政编码：100083
网　　址：	www.blcup.com
电　　话：	发行部　82303650 / 3591 / 3651
	编辑部　82303647
	读者服务部　82303653 / 3908
印　　刷：	北京外文印刷厂
经　　销：	全国新华书店

版　　次：	2004 年 4 月第 1 版　2007 年 4 月第 4 次印刷
开　　本：	787 毫米×1000 毫米　1 / 32　印张：10.5
字　　数：	170 千字　印数：13001—17000 册
书　　号：	ISBN 978－7－5619－1166－2 / H·03017
定　　价：	22.00 元

凡有印装质量问题本社负责调换，电话：82303590

前　言

　　目前汉语会话课本种类较多，但生活用语手册还不多。本书是一本为外国人编写的简便、实用的生活用语手册。为了方便查阅，本书以功能、情景为纲，分为上、下两篇。为了增强实用性，内容主要以日常生活、校园生活为背景。全书共编入了近千句生活用语，包括衣食住行及待人接物等方面，例句以"我"为中心，具有很强的实用性，适用于来华的留学生、工作人员及旅游者。

　　本书在编写过程中参考了《英语功能意念大纲》手册，以及一些日常口语会话课本。在此表示感谢。

编者

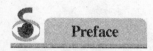

Preface

At present, there are many kinds of conversational Chinese textbooks, but relatively fewer books on expressions for daily life. It is a handy and practical book of everyday expressions for foreigners. To make it easy to use, this book is divided into two chapters, functional expressions and situational expressions. To make it more practical, the sentences mainly concern about the daily life and campus life. It includes nearly 1,000 sentences used in daily life, covering various fields, such as food, clothing, shelter and transport, all written in the "first person" with a strong practicality, which will be helpful for foreign students, working staff and tourists.

During the course of compilation, we have used the *Outline of English Functions and Ideas* and some conversational textbooks on everyday spoken Chinese as references, and we would like to express our gratitude for it.

Compilers

目 录
Contents

功能篇
Functional Expressions

V

情景篇
Situational Expressions

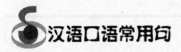

汉语口语常用句

功 能 篇

Gōngnéng Piān
Functional Expressions

1 问候 Wènhòu

初次见面 Chū Cì Jiàn Miàn

■ 你 好！认识 你 很 高兴。
　 Nǐ hǎo! Rènshi nǐ hěn gāoxìng.

■ 你 好！见到 你 很 高兴。
　 Nǐ hǎo! Jiàndào nǐ hěn gāoxìng.

日常问候 Rìcháng Wènhòu

天天见面时的问候 Tiāntiān Jiàn Miàn Shí de Wènhòu

■ 吃了 吗？(熟人，用于饭前或饭后)
　 Chīle ma?

■ 出去 啊？(熟人，用于被问候人要外出时)
　 Chūqu a?

■ 出去 了？(熟人，用于被问候人外出回来时)
　 Chūqu le?

2

Greeting

First meeting

■ How do you do? Nice to meet you.

■ How do you do. Glad to meet you.

Everyday greeting

Meeting people everyday

■ Have you had your meal? (*between acquaintances, before or after the meal*)

■ Are you going out? (*between acquaintances, when the person addressed is going out*)

■ You've been out, haven't you? (*between acquaintances, when the person addressed has just come back*)

■ 你 好!
Nǐ hǎo!

■ 您 好!(礼貌用语)
Nín hǎo!

相隔一段时间后见面时的问候
Xiānggé Yí Duàn Shíjiān Hòu Jiàn Miàn Shí de Wènhòu

■ 好久 不 见 了,最近 怎么样?
Hǎojiǔ bú jiàn le, zuìjìn zěnmeyàng?

■ 好久 不 见 了,最近 忙 什么 呢?
Hǎojiǔ bú jiàn le, zuìjìn máng shénme ne?

■ 近来 身体 好 吗?
Jìnlái shēntǐ hǎo ma?

■ 近来 工作 顺利 吗?
Jìnlái gōngzuò shùnlì ma?

转达问候 Zhuǎndá Wènhòu

■ 请 你 代我 向 你 父母 问 好。
Qǐng nǐ dài wǒ xiàng nǐ fùmǔ wèn hǎo.

■ Hi!

■ Good morning/afternoon/evening.
  (*polite expression*)

Meeting after not seeing each other for some time

■ Long time no see . How are you getting on?

■ It's a long time since we met.
  What are you busy about recently?

■ How are you lately?

■ How are you getting along with your
  work recently?

Greeting to and from the third party

■ Please give my best regards to your parents.

5

■ 请 你 代 我 问候 他（们）。
　Qǐng nǐ dài wǒ wènhòu tā（men）.

（请对方转达对第三方的问候）

■ ……要 我 向 你 问 好。
　……yào wǒ xiàng nǐ wèn hǎo.

■ ……向 你 问 好。
　……xiàng nǐ wèn hǎo.

（转达第三方对对方的问候）

■ Please convey my kindest wishes to him/them.

(*asking sb. to extend greetings to the third party*)

■ ...wished to be remembered to you.

■ ...wished to say hello to you.

(*conveying the regards from the third party*)

2 介绍 Jièshào

自我介绍 Zìwǒ Jièshào

■ 我 来 介绍 一下 自己。(开场白)
Wǒ lái jièshào yíxià zìjǐ.

■ 我 姓……，我 叫……。
Wǒ xìng……, wǒ jiào…….

■ 我 是……。
Wǒ shì…….

■ 我 是……（国）人。(……为国籍)
Wǒ shì……（guó）rén.

■ 我 是 从……来 的。(……为地名或国籍)
Wǒ shì cóng……lái de.

■ 我 是 一 个 医生。
Wǒ shì yí ge yīshēng.

■ 我 在……公司 工作。
Wǒ zài……gōngsī gōngzuò.

Introduction

Self-introduction

■ Allow me to introduce myself.
(*to start a conversation*)

■ My surname is ... , and my first name is ....

■ I'm ....

■ I'm a .... (*nationality*)

■ I'm from .... (*a place or country*)

■ I'm a doctor.

■ I work in the ... company.

■ 我 的 介绍 完 了。(介绍结束时)
　Wǒ de jièshào wán le.

介绍他人 Jièshào Tārén

■ 我 来 给 你 介绍 一下，……。(开场白)
　Wǒ lái gěi nǐ jièshào yíxià, …….

■ 这 位 是 ……。
　Zhè wèi shì …….

■ 他 是 ……。
　Tā shì …….

■ That's all for my self-introduction. (*to end the introduction*)

Introducing people to each other

■ Let me introduce ... to you. (*to start a conversation*)

■ This is ....

■ He is ....

3 致谢和答谢 Zhì Xiè hé Dá Xiè

致谢 Zhì Xiè

■ 谢谢!
Xièxie!

■ 非常 感谢!
Fēicháng gǎnxiè !

■ 太 感谢 您 了!
Tài gǎnxiè nín le !

■ 谢谢 你 给 我 的 帮助。
Xièxie nǐ gěi wǒ de bāngzhù.

■ 谢谢 您, 让 您 受累 了。
Xièxie nín , ràng nín shòulèi le.

■ 您 辛苦 了,谢谢 您。
Nín xīnkǔ le, xièxie nín.

■ 给 您 添 麻烦 了,真 不 好意思。
Gěi nín tiān máfan le , zhēn bù hǎoyìsi.

Expressing One's Thanks and Appreciation for Other's Kindness

Expressing one's thanks

■ Thank you!

■ Thank you very much!

■ Thank you very much indeed!

■ Thank you for your help.

■ Thank you for taking so much trouble.

■ Thank you for all your hard work.

■ We've given you so much trouble. We're much obliged.

答谢 Dá Xiè

■ 不 用 谢。
Bú yòng xiè.

■ 别 客气。
Bié kèqi.

■ 没 什么。
Méi shénme.

■ 都 是 朋友, 还 这么 客气 干吗?
Dōu shì péngyou, hái zhème kèqi gànmá?

Expressing appreciation for other's kindness

■ Not at all.

■ Don't mention it.

■ It's nothing.

■ We are friends. Please don't mention it.

4 告辞和告别 Gàocí hé Gàobié

告辞 Gàocí

■ 再见!
Zàijiàn !

■ 回头 见。
Huítóu jiàn.

■ 明天 见。
Míngtiān jiàn.

■ 告辞 了。
Gàocí le.

■ 后 会 有 期。
Hòu huì yǒu qī.

■ 再见 了,谢谢 你 的 热情 招待。
Zàijiàn le , xièxie nǐ de rèqíng zhāodài.

■ 请 留步。
Qǐng liúbù.

Farewell and Leave-taking

Taking leave

■ Bye!

■ See you.

■ See you tomorrow.

■ So long.

■ We'll meet again some day.

■ Thanks for your hospitality. Goodbye!

■ Please don't bother to come any further.

告别 Gàobié

■ （您） 走 好。
(Nín) zǒu hǎo.

■ （您） 慢 走。
(Nín) màn zǒu.

■ 不 远 送 了。
Bù yuǎn sòng le.

（送客人出门）

■ 经常 联系 啊!
Jīngcháng liánxì a!

■ 有 空儿 常 来 信。
Yǒu kòngr cháng lái xìn.

■ 有 空儿 一定 再 来 看 我们。
Yǒu kòngr yídìng zài lái kàn wǒmen.

■ 别 忘了 给 我们 打 电话。
Bié wàngle gěi wǒmen dǎ diànhuà.

■ （您） 多 保重。
(Nín) duō bǎozhòng.

■ 希望 不久 能 再 见到 你。
Xīwàng bùjiǔ néng zài jiàndào nǐ.

Bidding farewell

■ Take care.

■ Take care.

■ I will not go any further.

(expressions for seeing a guest off)

■ Do keep in touch!

■ Be sure to drop us a line.

■ Come and drop in if you can make it.

■ Don't forget to give us a ring.

■ Take care!

■ Hope that we can meet each other soon.

■ 一路 平安！
　Yílù píng'ān.

■ 一路 顺风！
　Yílù shùnfēng.

（送人远行）

■ Bon voyage!

■ Happy journey!

(expressions for seeing off a friend on a long journey)

5 祝愿和祝贺 Zhùyuàn hé Zhùhè

祝贺节日 Zhùhè Jiérì

■ 新年 好!
Xīnnián hǎo!

■ 圣诞 快乐!
Shèngdàn kuàilè!

■ 祝 你 新春 愉快!
Zhù nǐ xīnchūn yúkuài!

■ 祝 你 在 新 的 一 年 里 万 事 如意,
Zhù nǐ zài xīn de yì nián li wàn shì rúyì,

心 想 事 成!
xīn xiǎng shì chéng!

■ 祝 你 在 新 的 一 年 里 一 帆
Zhù nǐ zài xīn de yì nián li yì fān

风 顺!
fēng shùn!

■ 祝 你 岁岁 平安!
Zhù nǐ suìsuì píng'ān!

Good Wish and Congratulations

Festival greeting

■ Happy New Year!

■ Merry Christmas!

■ A happy Spring Festival to you!

■ I wish you a happy and successful New Year.

■ Wish you success in the coming year!

■ Wish you safe and sound every year!

■ 祝 你 来年 大吉！
　Zhù nǐ láinián dàjí！

■ 恭喜 发财！
　Gōngxǐ fācái！

祝贺生日 Zhùhè Shēngri

■ 祝 你 生日 快乐！
　Zhù nǐ shēngri kuàilè！

■ 祝 您 健康 长 寿！（常对老人）
　Zhù nín jiànkāng chángshòu！

祝贺新婚 Zhùhè Xīnhūn

■ 祝 你们 新婚 快乐！
　Zhù nǐmen xīnhūn kuàilè！

■ 祝 你们 白头 到 老！
　Zhù nǐmen báitóu dào lǎo！

■ 祝 你们 永远 幸福！
　Zhù nǐmen yǒngyuǎn xìngfú！

■ May I wish you every success in the coming year.

■ May you be prosperous in the coming year!

Birthday greeting

■ Happy birthday to you!

■ Wish you a long and healthy life!
(usually to an old person)

Wedding greeting

■ Congratulations on your marriage.

■ Wish you live together to a ripe old age.

■ I wish you all the happiness in the world forever.

一般祝愿 Yìbān Zhùyuàn

■ 祝 你 学习 顺利!
Zhù nǐ xuéxí shùnlì!

■ 祝 你 学习 取得 好 成绩!
Zhù nǐ xuéxí qǔdé hǎo chéngjì!

■ 祝 你 找到 一 个 好 工作!
Zhù nǐ zhǎodào yí ge hǎo gōngzuò!

■ 祝 你 高 升!
Zhù nǐ gāo shēng!

■ 祝 你 旅途 愉快!
Zhù nǐ lǚtú yúkuài!

■ 祝 你 好 运!
Zhù nǐ hǎo yùn!

■ 祝 你 成功!
Zhù nǐ chénggōng!

General good wish

■ I wish you success in your studies.

■ I wish you would achieve good results in your studies.

■ I wish you could find a good job.

■ I hope you will get promoted soon.

■ Have a nice trip!

■ Good luck!

■ Wish you success!

祝贺 Zhùhè

■ 恭喜 你！
Gōngxǐ nǐ!

■ 祝贺 你 取得了 好 成绩！
Zhùhè nǐ qǔdéle hǎo chéngjì!

■ 听说 你 找到了 好 工作， 我们
Tīngshuō nǐ zhǎodàole hǎo gōngzuò, wǒmen

向 你 表示 祝贺！
xiàng nǐ biǎoshì zhùhè!

Congratulations

■ Congratulations!

■ Congratulations on your great success!

■ It's said that you've found a good job.
Congratulations!

6 道歉和原谅 Dàoqiàn hé Yuánliàng

表示道歉或歉意
Biǎoshì Dàoqiàn huò Qiànyì

■ 对 不 起! 请　原谅!
Duì bu qǐ! Qǐng yuánliàng!

■ 真　对不起，让 您 久 等 了。
Zhēn duì bu qǐ, ràng nín jiǔ děng le.

■ 非常　抱歉，我 来晚 了。
Fēicháng bàoqiàn, wǒ láiwǎn le.

■ 给 您 添了 那么 多 麻烦，真 过意
Gěi nín tiānle nàme duō máfan, zhēn guòyì
不 去。
bú qù.

■ 如果 有 什么 做 得 不周 的 地方，
Rúguǒ yǒu shénme zuò de bùzhōu de dìfang,
请 您 原谅。
qǐng nín yuánliàng.

■ 都 是 我 不 好，害 你 误了 车。
Dōu shì wǒ bù hǎo, hài nǐ wùle chē.

Apology and Forgiveness

Making an apology and asking for forgiveness

■ I'm sorry! Please forgive me!

■ I'm terribly sorry that I've kept you waiting for so long.

■ I'm sorry for being late.

■ I'm sorry for giving you so much trouble.

■ I hope you will forgive me if I'm not considerate enough.

■ I'm sorry that you've missed the train/ bus. It is all my fault.

■ 我 为 刚才 说 的 话 向 您 道歉。
Wǒ wèi gāngcái shuō de huà xiàng nín dàoqiàn.

表示原谅 Biǎoshì Yuánliàng

■ 没 关系。
Méi guānxi.

■ 不用 客气。
Búyòng kèqi.

■ 没 事儿。
Méi shìr.

■ 小 事 一 桩，别 放 在 心 上。
Xiǎo shì yì zhuāng, bié fàng zài xīn shang.

■ 别 想 了，真 的 没 什么。
Bié xiǎng le, zhēn de méi shénme.

■ 这 不 是 你 的 错。
Zhè bú shì nǐ de cuò.

■ I do apologize for what I said just now.

Offering forgiveness

■ Not at all.

■ Don't mention it.

■ It's OK.

■ It's a trivial matter, don't worry about it.

■ Don't think any more about it. It's nothing at all.

■ It's not your fault.

7 提议和邀请 Tíyì hé Yāoqǐng

提出建议或征询意见
Tíchū Jiànyì huò Zhēngxún Yìjiàn

■ 明天 是 星期六，我们 去 爬 香
Míngtiān shì xīngqīliù , wǒmen qù pá Xiāng
山， 怎么样?
Shān , zěnmeyàng?

■ 这 次 会议，你 看 咱们 是 不是 派
Zhè cì huìyì , nǐ kàn zánmen shì bu shì pài
小 王 参加?
Xiǎo Wáng cānjiā ?

■ 咱们 不 能 明天 再 去 吗?
Zánmen bù néng míngtiān zài qù ma ?

■ 要 我 帮 你 把 这个 包 拿到
Yào wǒ bāng nǐ bǎ zhège bāo nádào
楼上 吗?
lóushàng ma ?

■ 如果 您 愿意，我们 可以 送 货
Rúguǒ nín yuànyì, wǒmen kěyǐ sòng huò
上 门。
shàng mén.

Suggestion and Invitation

Making a suggestion or asking for somebody's opinion

▉ It's Saturday tomorrow. Would you like to climb the Fragrant Hill?

▉ How about sending Xiao Wang to attend the meeting?

▉ We can go there tomorrow, can't we?

▉ Would you like me to take the bag upstairs?

▉ If you like, we can deliver it to your doorstep.

■ 这 部 电影 非常 好，我 建议
Zhè bù diànyǐng fēicháng hǎo, wǒ jiànyì

你 看 一下儿。
nǐ kàn yíxiàr.

■ 你 最好 现在 就来一趟。
Nǐ zuìhǎo xiànzài jiù lái yí tàng.

■ 全聚德 的 烤鸭 一定 得 吃。
Quánjùdé de kǎoyā yídìng děi chī.

提出邀请 Tíchū Yāoqǐng

■ 今天 晚上 在 学生 宿舍有个
Jīntiān wǎnshang zài xuéshēng sùshè yǒu ge

新年 晚会，你 来 参加 吧!
xīnnián wǎnhuì, nǐ lái cānjiā ba!

■ 跟 我们 一起 去 旅游 吧!
Gēn wǒmen yìqǐ qù lǚyóu ba!

■ 咱们 搭一辆车去，好吗?
Zánmen dā yí liàng chē qù, hǎo ma?

■ 你 有 兴趣 参加 我们 的 汉语 节目
Nǐ yǒu xìngqù cānjiā wǒmen de Hànyǔ jiémù

表演 吗?
biǎoyǎn ma?

■ It's an excellent film. I suggest you go and see it.

■ You'd better come here right now.

■ You must try the roast duck of the Quanjude Restaurant.

Sending an invitation

■ A New Year's Party will be held in the students' dorm this evening. We'd like you to come!

■ Come and join us for the trip!

■ Would you ride in the same car with me?

■ Would you like to take part in our performance in Chinese?

■ 星期日 我们 想 请 你 到 我 家
Xīngqīrì wǒmen xiǎng qǐng nǐ dào wǒ jiā

玩儿玩儿，你 有 时间 吗？
wánrwanr, nǐ yǒu shíjiān ma?

■ 今天 下午 我们 有 个 学生 语言
Jīntiān xiàwǔ wǒmen yǒu ge xuéshēng yǔyán

实践 报告会，特 邀请 您 参加。
shíjiàn bàogàohuì, tè yāoqǐng nín cānjiā.

（多用于书面或正式场合）

接受或拒绝 Jiēshòu huò Jùjué

接受 Jiēshòu

■ 可以。
Kěyǐ.

■ 好 啊。
Hǎo a.

■ 行 啊。
Xíng a.

■ 没 问题。
Méi wèntí.

■ Are you free this Sunday? I'd like you to come to my home.

■ May we have the pleasure of your presence at the report of students' language practice?

(*usually used in the written language or on formal occasions*)

Accepting or declining an invitation

Accepting an invitation

■ Yes, I will.

■ OK.

■ Yes, I'd like to.

■ No problem.

■ 真 是 个 好 主意！
Zhēn shì ge hǎo zhǔyi!

■ 谢谢，真 是 太 麻烦 你 了。
Xièxie, zhēn shì tài máfan nǐ le.

■ 我 一定 去。
Wǒ yídìng qù.

拒绝 Jùjué

■ 不 行。
Bù xíng.

■ 真 对不起，我 去 不 了。
Zhēn duì bu qǐ, wǒ qù bu liǎo.

■ 真 不（凑） 巧。
Zhēn bú (còu) qiǎo.

■ 别 客气 了。
Bié kèqi le.

■ 不 用 了。
Bú yòng le.

■ 谢谢 你 的 好意，可是 我 今天
Xièxie nǐ de hǎoyì, kěshì wǒ jīntiān
刚好 有 一点儿 事。
gānghǎo yǒu yìdiǎnr shì.

■ That's a great idea.

■ Thank you. It's very kind of you.

■ I surely will.

Declining an invitation

■ No, I can't.

■ I'm terribly sorry, I can't.

■ Unfortunately, I'm afraid I won't be free.

■ Don't stand on ceremony.

■ No, please don't bother.

■ That's very kind of you, but I happen to have something on today.

■ 最近 我 身体 不 太 好，以后
　Zuìjìn wǒ shēntǐ bú tài hǎo, yǐhòu

　再 说 吧。
　zài shuō ba.

■ 改日 吧。
　Gǎirì ba.

■ 下 次 吧。
　Xià cì ba.

■ I'm not feeling well these days, maybe next time.

■ Maybe another day.

■ Next time.

8 商量和约定 Shāngliang hé Yuēdìng

商量 Shāngliang

■ 跟 您 商量 个 事儿，能 不 能
Gēn nín shāngliang ge shìr，néng bu néng
替 我 去 一 趟 邮局？
tì wǒ qù yí tàng yóujú？

■ 小 王，这 事 交 给 你 办
Xiǎo Wáng，zhè shì jiāo gěi nǐ bàn
怎么样？
zěnmeyàng？

■ 咱们 商量 一下 出发 的 时间 吧。
Zánmen shāngliang yíxià chūfā de shíjiān ba．

■ 咱们 先 坐 火车 去 天津，然后
Zánmen xiān zuò huǒchē qù Tiānjīn，ránhòu
再 换 汽车，你 看 怎么样？
zài huàn qìchē，nǐ kàn zěnmeyàng？

Exchanging Views and Making an Appointment

Exchanging views

■ May I ask you a favor? Could you go to the post office for me?

■ Xiao Wang, would you like to take over the matter?

■ Let's talk about the time to start.

■ We'll take train to Tianjin first and then change to bus. How do you like it?

■ 你 看 这样 行不行? 我做饭,
　 Nǐ kàn zhèyàng xíng bu xíng? Wǒ zuò fàn,
　 你 洗 碗。
　 nǐ xǐ wǎn.

■ 天 这么 晚 了,路 又 远, 咱们
　 Tiān zhème wǎn le, lù yòu yuǎn, zánmen
　 是 不 是 明天 再 去?
　 shì bu shì míngtiān zài qù?

■ 我 觉得 这件 衣服 样子 不太 好,
　 Wǒ juéde zhè jiàn yīfu yàngzi bú tài hǎo,
　 别 买 了。你 说 呢?
　 bié mǎi le. Nǐ shuō ne?

约定 Yuēdìng

■ 好, 一 言 为 定。
　 Hǎo, yì yán wéi dìng.

■ 好, 听 你 的。
　 Hǎo, tīng nǐ de.

■ 那就 说好 了,可别 反悔 啊!
　 Nà jiù shuōhǎo le, kě bié fǎnhuǐ a!

■ How do you like this idea? I do the cooking and you the washing.

■ It's so late and it's far away from here. Why don't we go there tomorrow?

■ I don't like the style of the coat. Don't buy it, OK?

Making an appointment

■ Good. That's settled then.

■ OK. You decide.

■ Well, that's settled and you should never go back on your promise.

■ 那 咱们 就 说定 了，这次 我
Nà zánmen jiù shuōdìng le, zhè cì wǒ

请 客。
qǐng kè.

■ 就 这么 着 吧。
Jiù zhème zhāo ba.

■ 那就 星期六 吧。
Nà jiù xīngqīliù ba.

■ 就 按 您 的 意思 办 吧。
Jiù àn nín de yìsi bàn ba.

■ 下午 五 点， 电影院 门口，不
Xiàwǔ wǔ diǎn, diànyǐngyuàn ménkǒu, bú

见 不 散。
jiàn bú sàn.

■ That's settled then. It's on me this time.

■ That's it, then.

■ Then let's make it Saturday.

■ As you like.

■ See you at the entrance of the cinema at 5 this afternoon. Don't leave till we meet.

9 意图和打算 Yìtú hé Dǎsuan

■

学习 结束 以后，你 有 什么 打算？
Xuéxí jiéshù yǐhòu , nǐ yǒu shénme dǎsuan ?

■ 今年 的 圣诞 节 你 打算
Jīnnián de Shèngdàn Jié nǐ dǎsuan

怎么 过？
zěnme guò ?

■ 关于 这个 研究 项目，你 有
Guānyú zhège yánjiū xiàngmù , nǐ yǒu

什么 计划 吗？
shénme jìhuà ma ?

■ 你 计划 要 多 长 时间 才 能
Nǐ jìhuà yào duō cháng shíjiān cái néng

翻译完 这 本 书？
fānyì wán zhè běn shū ?

■ 今天 晚上 我 准备 尝尝
Jīntiān wǎnshang wǒ zhǔnbèi chángchang

日本菜。
Rìběncài .

Intention and Plan

■ What are you going to do after you finish your study?

■ How will you celebrate this Christmas?

■ Do you have any plan for this research program?

■ How long are you going to finish translating the book?

■ I'll try the Japanese dishes this evening.

■ 放 假以后我要回老家。
Fàng jià yǐhòu wǒ yào huí lǎojiā.

■ 大学 毕业以后，我 想 马上
Dàxué bì yè yǐhòu , wǒ xiǎng mǎshàng
结婚。
jié hūn.

■ 我 正 考虑 换 一个 工作。
Wǒ zhèng kǎolǜ huàn yí ge gōngzuò.

■ I'll leave for my hometown as soon as the vocation begins.

■ I want to get married right after my graduation from the university.

■ I'm thinking about changing my job.

10 通知和转告 Tōngzhī hé Zhuǎngào

通知 Tōngzhī

■ 大家 注意 了，我 说 一 件 事。
Dàjiā zhùyì le, wǒ shuō yí jiàn shì.

■ 通知 一 件 事，下午 全体 同学
Tōngzhī yí jiàn shì, xiàwǔ quántǐ tóngxué

到 二〇五 教室 开 会。
dào èr-líng-wǔ jiàoshì kāi huì.

■ 有 件 事 说 一下，明天 我们
Yǒu jiàn shì shuō yíxià, míngtiān wǒmen

参观 故宫，想 去 的 同学
cānguān Gùgōng, xiǎng qù de tóngxué

请 报 名。
qǐng bào míng.

Notifying and Passing on a Message

Notifying sb. of sth.

■ Attention, please. I have something to announce.

■ Attention, please. All the students are required to attend the meeting in Classroom 205 this afternoon.

■ Attention please! Those who want to go to the Imperical Palace tomorrow please sigh here.

转告 Zhuǎngào

■ 麻烦 你 告诉 王 老师，明天 我
Máfan nǐ gàosu Wáng lǎoshī, míngtiān wǒ
不 能 去 上 课 了。
bù néng qù shàng kè le.

■ 请 你 转告 小 王， 明天
Qǐng nǐ zhuǎngào Xiǎo Wáng, míngtiān
晚上 八 点，老 地方 见。
wǎnshang bā diǎn, lǎo dìfang jiàn.
（请他人转告）

■ 小 张 让 我 告诉 你，他 有 事儿
Xiǎo Zhāng ràng wǒ gàosu nǐ, tā yǒu shìr
不 能 来 了。
bù néng lái le.

■ 我 妹妹 让 我 告诉 你，以后 不 要
Wǒ mèimei ràng wǒ gàosu nǐ, yǐhòu bú yào
再 来 找 她 了。
zài lái zhǎo tā le.
（直接转告）

■ 小 王 不 在，有 什么 需要 我
Xiǎo Wáng bú zài, yǒu shénme xūyào wǒ
转告 的 吗?
zhuǎngào de ma?

Passing on a message

■ Would you please tell Teacher Wang that I can't go to class tomorrow?

■ Please tell Xiao Wang that I will meet him at the old place at eight tomorrow evening.

(*expressions for asking others to pass on messages*)

■ Xiao Zhang said that he could not come because he was occupied.

■ My younger sister asked me to tell you not to come to see her any more.

(*expressions for giving messages directly*)

■ Xiao Wang is not here. Can I take the message?

11 否定和否认 Fǒudìng hé Fǒurèn

一般否定 Yìbān Fǒudìng

■ 他 不 是 老板，是 打工 的。
Tā bú shì lǎobǎn, shì dǎgōng de.

■ 我 不 喝 白酒，喝 啤酒。
Wǒ bù hē báijiǔ, hē píjiǔ.

■ 小 李 不 在 这儿， 他 去 经理
Xiǎo Lǐ bú zài zhèr, tā qù jīnglǐ

办公室 了。
bàngōngshì le.

■ 这个 超市 的 东西 不 少，价钱
Zhège chāoshì de dōngxi bù shǎo, jiàqián

也 不 贵。
yě bú guì.

■ 我 不 会 打 太极拳，也 不 想 学。
Wǒ bú huì dǎ tàijíquán, yě bù xiǎng xué.

■ 现在 是 冬天， 市场 上 买 不
Xiànzài shì dōngtiān, shìchǎng shang mǎi bu

到 新鲜 的 草莓。
dào xīnxiān de cǎoméi.

Negative Expressions

General negation

■ He is not the boss. He's just an employee.

■ I don't drink spirit. I only drink beer.

■ Xiao Li is not here. He's at the manager's office.

■ The goods in the supermarket are not expensive and of a wide variety as well.

■ I can't play *taijiquan*, and I don't want to learn it.

■ It's winter and we can't find fresh strawberries on the market.

■ 这 座 山 真 高，十 分钟 我 可
Zhè zuò shān zhēn gāo，shí fēnzhōng wǒ kě

爬 不 上去。
pá bu shàngqù。

■ 他 没有 姐姐，只 有 一 个 哥哥。
Tā méiyǒu jiějie，zhǐ yǒu yí ge gēge。

■ 昨天 我 没 看见 小 王。
Zuótiān wǒ méi kànjiàn Xiǎo Wáng。

表否定的常用格式
Biǎo Fǒudìng de Chángyòng Géshì

■ 谁 说 的？
Shuí shuō de？

■ 哪儿 啊。
Nǎr a。

■ 才 不 是 呢。
Cái bú shì ne。

■ 这 不 可能。
Zhè bù kěnéng。

■ 别 瞎说 了。
Bié xiāshuō le。

■ The hill is too high for me to get to the top in ten minutes.

■ He doesn't have an elder sister. He only has an elder brother.

■ I didn't see Xiao Wang yesterday.

Patterns of negation

■ Who told you?

■ That's not right.

■ You've got it wrong.

■ It's impossible.

■ Nonsense.

全否或部分否定 Quán Fǒu huò Bùfen Fǒudìng

■ 所有 的 人 都 不 同意 那个 看法。
Suǒyǒu de rén dōu bù tóngyì nàge kànfǎ.

■ 任何 人 都 不 能 进去。
Rènhé rén dōu bù néng jìnqu.

■ 他 每天 都 不 迟到。
Tā měitiān dōu bù chídào.

■ 我们 两 个 都 不 愿意 再 去
Wǒmen liǎng ge dōu bú yuànyì zài qù
那儿 了。
nàr le.

(全否)

■ 我们 班 的 同学 不 都 是
Wǒmen bān de tóngxué bù dōu shì
美国人， 还 有 日本人 和 韩国人。
Měiguórén, hái yǒu Rìběnrén hé Hánguórén.

■ 这些 苹果 不 全 是 坏 的，还 有
Zhèxiē píngguǒ bù quán shì huài de, hái yǒu
几 个 好 的。
jǐ ge hǎo de.

Complete or partial negation

■ No one agrees with that idea.

■ Nobody is allowed in.

■ He's never been late.

■ Neither of us would like to go there again.

(*expressions of complete negation*)

■ Not all the students in our class are from the U. S. A. , some are from Japan and Korea.

■ Not all the apples have gone bad. Some of them are good.

■ 并 不 是 所有 的 人 都 赞成
　Bìng bú shì suǒyǒu de rén dōu zànchéng

　小 王 的 看法。
　Xiǎo Wáng de kànfǎ.

■ 你们 三 个 不用 都 来，来 两 个
　Nǐmen sān ge búyòng dōu lái, lái liǎng ge

　就 够 了。
　jiù gòu le.

（部分否定）

强调否定 Qiángdiào Fǒudìng

■ 来 北京 以后，我 哪儿 都 没 去过。
　Lái Běijīng yǐhòu, wǒ nǎr dōu méi qùguo.

■ 今天 我 肚子 不 好，什么 都 不
　Jīntiān wǒ dùzi bù hǎo, shénme dōu bù

　想 吃。
　xiǎng chī.

■ 谁 也 不 知道 小 张 到 哪儿
　Shuí yě bù zhīdào Xiǎo Zhāng dào nǎr

　去 了。
　qù le.

■ Not everybody agrees with Xiao Wang.

■ Not all the three of you must come. Two people are enough.

(*expressions of partial negation*)

Emphatic negation

■ Nowhere have I been to since I came to Beijing.

■ No appetite do I have since there's something wrong with my stomach.

■ No one has any idea where Xiao Zhang is.

■ 弟弟 连 一 加 一 等于 几 都 不
　Dìdi lián yī jiā yī děngyú jǐ dōu bù
　知道。
　zhīdào.

■ 我 一点儿 也 不 累。
　Wǒ yìdiǎnr yě bú lèi.

■ 你 放心，我 绝 不 会 给 你 添
　Nǐ fàngxīn, wǒ jué bú huì gěi nǐ tiān
　麻烦 的。
　máfan de.

■ 告诉 你，我 再 也 不 跟 你 说话 了。
　Gàosu nǐ, wǒ zài yě bù gēn nǐ shuōhuà le.

■ 我 永远 也 不 会 再 见 你 了。
　Wǒ yǒngyuǎn yě bú huì zài jiàn nǐ le.

■ My younger brother even doesn't know what's the sum of one plus one.

■ I'm not tired at all.

■ Don't worry. I won't trouble you, I promise.

■ I tell you, I will never speak a word to you.

■ Never will I see you again.

12 担心和忧虑 Dānxīn hé Yōulǜ

担心 Dānxīn

■ 我 担心 这次 考试 我 考 不 过去。
Wǒ dānxīn zhè cì kǎoshì wǒ kǎo bu guòqù.

■ 我（害）怕 走 晚 了 赶 不 上 车。
Wǒ (hài) pà zǒu wǎn le gǎn bu shàng chē.

■ 恐怕 这件 事 没有 想 的 那么
Kǒngpà zhè jiàn shì méiyǒu xiǎng de nàme
容易。
róngyì.

■ 他 一个 人 去，我 很 不 放心。
Tā yí ge rén qù, wǒ hěn bú fàngxīn.

Worry and Anxiety

Worry

■ I'm afraid I will fail in this exam.

■ I'm afraid I'll miss the bus/train if I leave home late.

■ I'm afraid it is not as easy as we/you have expected.

■ I will not rest assured, for he is going there alone.

忧虑 Yōulǜ

■ 真 不 知道 该 怎么 办 才 好。
Zhēn bù zhīdào gāi zěnme bàn cái hǎo.

■ 要是 他 不 答应，我们 怎么 办 呢?
Yàoshi tā bù dāying, wǒmen zěnme bàn ne?

Anxiety

▓ I really don't know what to do.

▓ What if he doesn't agree?

13 愤怒和不快 Fènnù hé Búkuài

愤怒 Fènnù

■ 该死！
Gāisǐ！

■ 混蛋！
Húndàn！

■ 见 鬼 去 吧！
Jiàn guǐ qù ba！

不快 Búkuài

■ 真 气 人！
Zhēn qì rén！

■ 真 让 人 生气！
Zhēn ràng rén shēngqì！

■ 真 讨厌！
Zhēn tǎoyàn！

Anger and Displeasure

Anger

■ Damn it!

■ Son of bitch!

■ To the hell!

Displeasure

■ How annoying!

■ Isn't that annoying!

■ It's really annoying!

■ 真 让 人 讨厌!
Zhēn ràng rén tǎoyàn !

■ 真 烦 人!
Zhēn fán rén !

■ 真 倒霉!
Zhēn dǎoméi !

■ 真 让 人 受 不 了!
Zhēn ràng rén shòu bu liǎo !

■ 你 这么 说 是 什么 意思?
Nǐ zhème shuō shì shénme yìsi ?

■ 你 这 是 干 什么?
Nǐ zhè shì gàn shénme ?

■ What a bore!

■ What a drag!

■ What lousy luck!

■ That's the limit!

■ What do you mean?

■ What the hell are you doing?

14 喜欢和满意 Xǐhuan hé Mǎnyì

喜欢 Xǐhuan

■ 我 喜欢 这 种 运动。
Wǒ xǐhuan zhè zhǒng yùndòng.

■ 我 爱 看 这个 电影。
Wǒ ài kàn zhège diànyǐng.

■ 我 对 集邮 很 感 兴趣。
Wǒ duì jíyóu hěn gǎn xìngqù.

■ 我 已经 迷上 足球 了。
Wǒ yǐjing míshang zúqiú le.

满意 Mǎnyì

■ 跟 你们 在 一起, 我 太 高兴 了。
Gēn nǐmen zài yìqǐ, wǒ tài gāoxìng le.

■ 这 件 衣服 很 适合 我。
Zhè jiàn yīfu hěn shìhé wǒ.

Fondness and Satisfaction

Fondness

■ I like the game.

■ I love the movie.

■ I'm very interested in collecting stamps.

■ I'm crazy about football.

Satisfaction

■ I feel so happy being with you.

■ The coat fits me very well.

■ 这 件 衣服 对 我 很 合适。
Zhè jiàn yīfu duì wǒ hěn héshì.

■ 住 在 这儿，感觉 太 舒服 了。
Zhù zài zhèr, gǎnjué tài shūfu le.

■ 我 对 你 的 回答 很 满意。
Wǒ duì nǐ de huídá hěn mǎnyì.

■ 这儿 的 学习、 生活 条件 都 很
Zhèr de xuéxí、shēnghuó tiáojiàn dōu hěn
好，我 很 满足。
hǎo, wǒ hěn mǎnzú.

■ 这 孩子 每个 月 能 写 封 信 来，
Zhè háizi měi ge yuè néng xiě fēng xìn lái,
我 已经 知足/心 满 意 足 了。
wǒ yǐjing zhīzú/xīn mǎn yì zú le.

■ 就 买 这个 吧，我 看 没有 比 这 再
Jiù mǎi zhège ba, wǒ kàn méiyǒu bǐ zhè zài
好 的 了。
hǎo de le.

■ The coat suits me very well.

■ It's very comfortable to live here.

■ I'm satisfied with your answer.

■ I'm satisfied with the studying and living conditions here.

■ I'm perfectly content that the child writes me a letter every month.

■ Take this one. I think no one is better than it.

■ 这 套 沙发 放 在 这儿 再 合适
　Zhè tào shāfā fàng zài zhèr zài héshì

不过 了。
búguò le .

■ 你 做 的 菜 味道 不错，我 很
　Nǐ zuò de cài wèidao búcuò, wǒ hěn

喜欢。
xǐhuan .

■ 你 说 的 正 是 我 想到 的。
　Nǐ shuō de zhèng shì wǒ xiǎngdào de .

■ Put the sofa here. Nowhere else will fit it better.

■ The dish you've made is delicious. I like it very much.

■ That's just what I have thought of.

15 遗憾和失望
Yíhàn hé Shīwàng

遗憾 Yíhàn

■ 真 遗憾!
Zhēn yíhàn!

■ 你 这 次 不 能 来,太 遗憾 了!
Nǐ zhè cì bù néng lái, tài yíhàn le!

■ 我 很 遗憾 当时 没 把 你 的 话
Wǒ hěn yíhàn dāngshí méi bǎ nǐ de huà
录 下来。
lù xiàlai.

■ 这 面包 还 没 吃 就 坏 了,真
Zhè miànbāo hái méi chī jiù huài le, zhēn
可惜!
kěxī!

■ 我 很 后悔 没 跟 你们 一起 去
Wǒ hěn hòuhuǐ méi gēn nǐmen yìqǐ qù
香港。
Xiānggǎng.

■ 他 一 个 人 去,我 很 不 放心。
Tā yí ge rén qù, wǒ hěn bú fàngxīn.

Regret and Disappointment

Regret

■ What a pity!

■ It's really regretful that you can't come this time.

■ I'm sorry that I haven't recorded what you said.

■ It's a pity that the bread has gone bad before we eat it.

■ I regret that I haven't gone to Hong Kong with you.

■ I Will not rest assured, for he is going there alone.

失望 Shīwàng

■ 我们 队 输了 球， 真 让 人
　Wǒmen duì shūle qiú， zhēn ràng rén
　失望!
　shīwàng !

■ 我 原 以为 这本 小说 不错，没
　Wǒ yuán yǐwéi zhè běn xiǎoshuō búcuò，méi
　想到 是 这样。
　xiǎngdào shì zhèyàng．

■ 这 远 不如 我 想像 得那么 好。
　Zhè yuǎn bù rú wǒ xiǎngxiàng de nàme hǎo．

■ 这么 长 时间 都 没 找到 他，
　Zhème cháng shíjiān dōu méi zhǎodào tā，
　对此 我 已经 不 抱 什么 希望 了。
　duì cǐ wǒ yǐjing bú bào shénme xīwàng le．

■ 次次 比赛 我们 都 输，我 已经 没有
　Cìcì bǐsài wǒmen dōu shū，wǒ yǐjing méiyǒu
　信心 了。
　xìnxīn le．

84

Disappointment

▓ It's rather disappointing that our team has lost.

▓ I was hoping to read an excellent novel, but it turned out to be rather poor.

▓ It's for beyond my expectation.

▓ We have not found him for such a long time. I hold no hope of finding him.

▓ We lose every time. I've lost my confidence.

16 表扬和赞赏Biǎoyáng hé Zànshǎng

表扬 Biǎoyáng

■ 你 真 了不起!
　Nǐ zhēn liǎo bu qǐ!

■ 你 太 伟大 了!
　Nǐ tài wěidà le!

■ 棒 极了!
　Bàng jí le!

■ 你 干得 很 好/很 棒!
　Nǐ gàn de hěn hǎo/hěn bàng!

■ 你 做得 很 出色!
　Nǐ zuò de hěn chūsè!

■ 你 真 是个 中国通!
　Nǐ zhēn shì ge Zhōngguótōng!

■ 你 是 我们 班 最 优秀 的 学生。
　Nǐ shì wǒmen bān zuì yōuxiù de xuésheng.

Compliment and Appreciation

Compliment

■ You are really remarkable

■ You are great!

■ Fantastic!

■ Well done!

■ You've done an excellent job!

■ You are truly an authority on China!

■ You are the best student in our class.

赞赏 Zànshǎng

■ 他跑得很快，谁也比不上他。
Tā pǎo de hěn kuài, shuí yě bǐ bu shàng tā.

■ 我很欣赏他的这幅画。
Wǒ hěn xīnshǎng tā de zhè fú huà.

■ 真没想到，世上竟有这么
Zhēn méi xiǎngdào, shìshang jìng yǒu zhème

美丽的景色！
měilì de jǐngsè!

Appreciation

■ He runs very fast. No one runs faster than him.

■ I appreciate this picture of his.

■ Fancy there's such a picturesque scene in the world!

17 批评和抱怨 Pīpíng hé Bàoyuàn

批评 Pīpíng

■ 你 这么 做 不 对！
Nǐ zhème zuò bú duì!

■ 以后 别 说 这样 的 话 了！
Yǐhòu bié shuō zhèyàng de huà le!

■ 你 的 作业 太 乱 了，下次 得 认真
Nǐ de zuòyè tài luàn le, xià cì děi rènzhēn

点儿！
diǎnr!

■ 你 不 能 总 迟到！
Nǐ bù néng zǒng chídào!

抱怨 Bàoyuàn

■ 你 怎么 就 不 能 早 点儿 起
Nǐ zěnme jiù bù néng zǎo diǎnr qǐ

床 呢？
chuáng ne?

Criticism and Complaint

Criticism

■ You're wrong!

■ Stop talking like that!

■ Your homework is too messy, please be careful next time!

■ You've been late too often!

Complaint

■ Couldn't you get up earlier?

■ 每天 上 下班 要 花 两 个
Měi tiān shàng xià bān yào huā liǎng ge

小时，太 不 方便 了。
xiǎoshí, tài bù fāngbiàn le.

■ 这儿 的 服务 太 差 了，连 热 水 也
Zhèr de fúwù tài chà le, lián rè shuǐ yě

没有。
méiyǒu.

■ It takes me two hours to go to work and return home everyday. It's so inconvenient.

■ The service is far from satisfactory. We don't even have hot water here.

18 预言和猜测 Yùyán hé Cāicè

预言 Yùyán

■ 明年　将是个丰收年。
Míngnián jiāng shì ge fēngshōu nián.

■ 你一定会通过这次考试的。
Nǐ yídìng huì tōngguò zhè cì kǎoshì de.

■ 我相信以后的日子会越来越好。
Wǒ xiāngxìn yǐhòu de rìzi huì yuè lái yuè hǎo.

■ 我认为二〇〇八年奥运会会
Wǒ rènwéi èr-líng-líng-bā nián Àoyùnhuì huì
在北京举行。
zài Běijīng jǔxíng.

猜测 Cāicè

■ 明天　可能下雨。
Míngtiān kěnéng xià yǔ.

Prediction and Guess

Prediction

■ Next year will be a bumper year.

■ You will surely pass the exam.

■ I believe that our life will get better and better.

■ I believe that the 2008 Olympic Games will be held in Beijing.

Guess

■ It's probably going to rain tomorrow.

■ 明天 好像 要 下 雨。
Míngtiān hǎoxiàng yào xià yǔ.

■ 看来/看 样子/看 起来，他 今天 不
Kànlái/kàn yàngzi/kàn qǐlai, tā jīntiān bú

会 来 了。
huì lái le.

■ 经理 对 他 似乎 不 太 满意。
Jīnglǐ duì tā sìhū bú tài mǎnyì.

■ 我 猜 他 有 三十 岁 了。
Wǒ cāi tā yǒu sānshí suì le.

■ 我 估计 他 不 会 跟 我们 一起
Wǒ gūjì tā bú huì gēn wǒmen yìqǐ

去 的。
qù de.

■ 我 想 你 会 喜欢 这个 礼物 的。
Wǒ xiǎng nǐ huì xǐhuan zhège lǐwù de.

■ It seems that it's going to rain tomorrow.

■ It looks like that he won't show up today.

■ The manager seems to be unsatisfied with him.

■ I guess he is thirty years old.

■ I think he won't go with us.

■ I think you will like the gift.

19 建议和劝告Jiànyì hé Quàngào

建议 Jiànyì

■ 你 应该 早 点儿 起 床。
Nǐ yīnggāi zǎo diǎnr qǐ chuáng.

■ 你 不 该 这么 晚 出发。
Nǐ bù gāi zhème wǎn chūfā.

■ 你 得 早 点儿 走，要不 赶 不 上
Nǐ děi zǎo diǎnr zǒu, yàobu gǎn bu shàng
车 了。
chē le.

■ 我 建议 你 周末 去 天津玩儿玩儿。
Wǒ jiànyì nǐ zhōumò qù Tiānjīn wánrwanr.

■ 我 有 个 建议/主意，放 假 我们 去
Wǒ yǒu ge jiànyì/zhǔyi, fàng jià wǒmen qù
滑雪， 怎么样?
huáxuě, zěnmeyàng?

■ 你 最好 每天 坚持 锻炼 身体。
Nǐ zuìhǎo měitiān jiānchí duànliàn shēntǐ.

■ 我们 在一起 互相 学习 吧。
Wǒmen zài yìqǐ hùxiāng xuéxí ba.

Suggestion and Advice

Suggestion

■ You'd better get up earlier.

■ You should not started so late.

■ Start earlier, otherwise you'll miss the train/bus.

■ I advice you to spend your weekend in Tianjin.

■ I have an idea. Do you care to go skiing during the holidays?

■ You'd better do exercises everyday.

■ Let's learn from each other.

■ 你 还是 多 穿 点儿 衣服 吧。
　Nǐ háishi duō chuān diǎnr yīfu ba.

■ 这 本 书 对 学习 汉语 很 有用，
　Zhè běn shū duì xuéxí Hànyǔ hěn yǒuyòng,
　你 不妨 看看。
　nǐ bùfáng kànkan.

■ 我们 是不是 先 给 他 打 个 电话?
　Wǒmen shì bu shì xiān gěi tā dǎ ge diànhuà?

■ 明天 我们 再 谈 这 件 事，好
　Míngtiān wǒmen zài tán zhè jiàn shì, hǎo
　不 好?
　bu hǎo?

■ 我 看 这样，我们 先 去 香 山，
　Wǒ kàn zhèyàng, wǒmen xiān qù Xiāng Shān,
　再 去 颐和园。
　zài qù Yíhéyuán.

■ 这样 吧，我们 听听 天气 预报 再
　Zhèyàng ba, wǒmen tīngting tiānqì yùbào zài
　决定。
　juédìng.

■ You'd better put on more clothes.

■ You might as well read the book. It is very helpful to your Chinese studies.

■ Shall we give him a call beforehand?

■ Let's talk about it tomorrow, OK?

■ All right, we'll go to the Fragrant Hill first and then to the Summer Palace.

■ Well, let's leave it open till we hear the weather forecast.

劝告 Quàngào

■ 别 大 声 说 话。
Bié dà shēng shuō huà.

■ 不要 随地 吐痰。
Búyào suí dì tǔ tán.

■ 你 这样 做不 好。
Nǐ zhèyàng zuò bù hǎo.

Advices

■ Don't speak aloud!

■ Don't spit everywhere.

■ It's wrong of you to do so.

20 要求和命令Yāoqiú hé Mìnglìng

　　要求和命令语句上没有严格的区分，更多的是从语气上来区分。

要求 Yāoqiú

■ 请　你　把　门　关上。
　　Qǐng　nǐ　bǎ　mén　guānshang.

■ 你　要　想　清楚　再　说。
　　Nǐ　yào　xiǎng　qīngchu　zài　shuō.

■ 以后　你　得　早　点儿　来，不要　再
　　Yǐhòu　nǐ　děi　zǎo　diǎnr　lái，búyào　zài
　　迟到　了。
　　chídào le.

■ 来　我们　公司　工作　的　人，都　要
　　Lái　wǒmen　gōngsī　gōngzuò　de　rén，dōu　yào
　　会　说　英语。
　　huì　shuō　Yīngyǔ.

■ 都　到　前面　来　坐，别　坐　在
　　Dōu　dào　qiánmiàn　lái　zuò，bié　zuò　zài
　　后面。
　　hòumiàn.

Demand and Command

There isn't any clear distinction in syntax between demands and commands. The two expressions differ mostly in the tone.

Demand

■ Close the door, please.

■ Think clearly before you speak.

■ Get here earlier. Don't be late again.

■ All staff in our company are required to know how to speak in English.

■ Come and sit in the front. Don't sit at the back.

■ 我们 要求 每 位 职员 工作 时
Wǒmen yāoqiú měi wèi zhíyuán gōngzuò shí

要 穿 制服。
yào chuān zhìfú.

■ 没有 特殊 原因，一律 不 准 请 假。
Méiyǒu tèshū yuányīn, yílǜ bù zhǔn qǐng jià.

■ 快 点儿，要不 就 来 不 及 了。
Kuài diǎnr, yàobu jiù lái bu jí le.

命令 Mìnglìng

■ 过来 一下！（简单祈使句）
Guòlai yíxià!

■ 你 必须 把 作业 写完。
Nǐ bìxū bǎ zuòyè xiěwán.

■ 请 你 出去。
Qǐng nǐ chūqu.

■ 不 准 在 教室 里 吸 烟。
Bù zhǔn zài jiàoshì li xī yān.

■ 电影院 里 不 许 大 声 说话/
Diànyǐngyuàn li bù xǔ dà shēng shuōhuà/

喧哗。
xuānhuá.

■ 别 说 别人 的 坏话。
Bié shuō biéren de huàihuà.

- Every employee must wear the uniform at work.

- No one is to ask for leave unless he's got a special reason.

- Hurry up, or we'll be late.

Command

- Come here! (*imperative sentence*)

- You must finish the homework.

- Get out of here.

- Smoking is not allowed in the classroom.

- Don't talk aloud/make big noise in the cinema.

- Don't speak ill of others.

■ 这些 话，你听也得听，不听也
Zhèxiē huà, nǐ tīng yě děi tīng, bù tīng yě

得 听。
děi tīng.

■ 禁止 随地吐痰。
Jìnzhǐ suí dì tǔ tán.

■ 我 命令 你 马上 把 房间 打扫
Wǒ mìnglìng nǐ mǎshàng bǎ fángjiān dǎsǎo

干净。
gānjìng.

■ No matter you like it or not, you must do as I tell you.

■ No spitting.

■ I order you to clean your room right now.

21 警告和提醒 Jǐnggào hé Tíxǐng

警告 Jǐnggào

■ 我 警告 你，再 这样 我 就 对 你
Wǒ jǐnggào nǐ, zài zhèyàng wǒ jiù duì nǐ

不 客气 了。
bú kèqi le.

■ 我 可 告诉 你，你 再 迟到 就 不要
Wǒ kě gàosu nǐ, nǐ zài chídào jiù búyào

来 上 班 了。
lái shàng bān le.

■ 要是 你 再 迟到，我们 就 开除 你。
Yàoshi nǐ zài chídào, wǒmen jiù kāichú nǐ.

■ 出去，不然 我 就 报警 了。
Chūqu, bùrán wǒ jiù bàojǐng le.

■ 除非 你 答应 我们 的 条件，否则
Chúfēi nǐ dāying wǒmen de tiáojiàn, fǒuzé

我们 就 不 走。
wǒmen jiù bù zǒu.

Warning and Reminder

Warning

■ I warn you, I won't stand it any longer if you continue behaving like this.

■ Mind you, if you are late one more time, you'll get fired.

■ Don't be late again, or you'll get fired.

■ Get out of here, or I'll call the police.

■ We won't leave unless you promise to accept our conditions.

■ 不 按 合同 办 事，后果 自 负。
Bú àn hétong bàn shì, hòuguǒ zì fù.

提醒 Tíxǐng

■ 小心，汽车。
Xiǎoxīn, qìchē.

■ 小心 别 摔倒 了。
Xiǎoxīn bié shuāidǎo le.

■ 有 风，当心 你 的 帽子。
Yǒu fēng, dāngxīn nǐ de màozi.

■ 过 马路 要 注意 安全。
Guò mǎlù yào zhùyì ānquán.

■ 明天 考试，你 千万 别 迟到。
Míngtiān kǎoshì, nǐ qiānwàn bié chídào.

■ 到 时间 了，你 再 不 走 就 来 不
Dào shíjiān le, nǐ zài bù zǒu jiù lái bu
及 了。
jí le.

■ 别 忘 了 出门 前 检查 一下
Bié wàng le, chūmén qián jiǎnchá yíxià
煤气。
méiqì.

■ You will take the consequences if you don't follow the contract.

Reminder

■ Watch out for the car!

■ Mind your way.

■ It's windy. Take care of your cap.

■ Be careful while crossing the road.

■ We will have an exam tomorrow. Don't be late.

■ Time's up. Get started or you'll be late.

■ Remember to check the gas before you leave.

■ 照 这样 下去，你 会 花光
Zhào zhèyàng xiàqu, nǐ huì huāguāng

所有 的 钱 的。
suǒyǒu de qián de.

■ 哭 对 身体 不 好，你 不 能 再 哭 了。
Kū duì shēntǐ bù hǎo, nǐ bùnéng zài kū le.

■ 你 想着 给 他 打 个 电话。
Nǐ xiǎngzhe gěi tā dǎ ge diànhuà.

■ 记着 我 说 的 话，别 忘 了。
Jìzhe wǒ shuō de huà, bié wàng le.

■ You will go bankrupt if you go on like this.

■ Don't cry any more. It's bad to your health.

■ Remember to give him a ring.

■ Never forget what I told you.

22 允许和承诺
Yǔnxǔ hé Chéngnuò

允许 Yǔnxǔ

请求允许 Qǐngqiú Yǔnxǔ

- 我 可以 坐 在 这儿 吗?
  Wǒ kěyǐ zuò zài zhèr ma?

- 这儿 能 抽 烟 吗?
  Zhèr néng chōu yān ma?

- 我 明天 再 交 报告, 行 吗?
  Wǒ míngtiān zài jiāo bàogào, xíng ma?

- 今天 我 想 早点儿 走, 您 同意 吗?
  Jīntiān wǒ xiǎng zǎo diǎnr zǒu, nín tóngyì ma?

- 我 想 问 您 一个 私人 问题, 您
  Wǒ xiǎng wèn nín yí ge sīrén wèntí, nín
  介意 吗?
  jièyì ma?

- 我 能 不 能/ 可 不 可以 用 一下
  Wǒ néng bu néng/ kě bu kěyǐ yòng yíxià
  您的 电话?
  nín de diànhuà?

Permission and Promise

Permission

Asking for permission

■ May I sit here?

■ Do you mind my smoking here?

■ May I hand in the report tomorrow?

■ Do you agree on my leaving a bit earlier today?

■ Do you mind if I ask you a personal question?

■ May/Could I use your phone?

表示允许 Biǎoshì Yǔnxǔ

■ 你 可以 在 这儿 抽 烟。
Nǐ kěyǐ zài zhèr chōu yān.

■ 你 明天 再交 报告 也 行。
Nǐ míngtiān zài jiāo bàogào yě xíng.

■ 你 愿意 的 话 就 去 吧。
Nǐ yuànyì de huà jiù qù ba.

承诺 Chéngnuò

■ 我 一定 在 六点 以前 赶到 那儿。
Wǒ yídìng zài liù diǎn yǐqián gǎndào nàr.

■ 我 肯定 把 自行车 还 给 你。
Wǒ kěndìng bǎ zìxíngchē huán gěi nǐ.

■ 我 保证 这些 钱 一分 也 不
Wǒ bǎozhèng zhèxiē qián yì fēn yě bú
会 丢。
huì diū.

■ 我 向 你 保证 再 也 不 会
Wǒ xiàng nǐ bǎozhèng zài yě bú huì
迟到 了。
chídào le.

Giving permissions

- You may smoke here.

- You may hand in your report tomorrow.

- You may go if you like.

Promise

- I will surely get there before six.

- I will certainly return the bike to you.

- I promise that I won't lose a cent of the money.

- I promise you that I won't be late any more.

23 惊奇和困惑 Jīngqí hé Kùnhuò

惊奇 Jīngqí

■ 哎呀!
Āiyā!

■ 咦!
Yí!

■ 哇!
Wā!

■ 天 啊!
Tiān a!

■ 真 的吗?
Zhēn de ma?

■ 真 奇怪，门 怎么 自己 开了?
Zhēn qíguài, mén zěnme zìjǐ kāi le?

■ 什么? 你 居然／竟然 不 知道 这
Shénme? Nǐ jūrán/ jìngrán bù zhīdào zhè

事儿?
shìr?

■ 嘿，你 怎么 来 了?
Hēi, nǐ zěnme lái le?

Surprise and Puzzlement

Surprise

■ Oh, my goodness!

■ Gee!

■ Wow!

■ Good Heavens!

■ Really?

■ How strange! The door opened itself.

■ What! You don't know that?

■ Why, how come you are here?

■ 简直 让 人 难以 相信！
Jiǎnzhí ràng rén nányǐ xiāngxìn!

■ 这 事 真 是 不 可 思 议。
Zhè shì zhēn shì bù kě sī yì.

困惑 Kùnhuò

■ 不 知 怎么 回 事，这 两 天 我 老
Bù zhī zěnme huí shì, zhè liǎng tiān wǒ lǎo
想 睡觉。
xiǎng shuìjiào.

■ 不 知 为 什么，我 有 点儿 头 疼。
Bù zhī wèi shénme, wǒ yǒu diǎnr tóu téng.

■ 我 真 不 明白，他 怎么 能 这样！
Wǒ zhēn bù míngbai, tā zěnme néng zhèyàng!

■ 我 一直 很 纳闷，他 怎么 常 不
Wǒ yìzhí hěn nàmèn, tā zěnme cháng bù
回家 呢？
huí jiā ne?

■ 这个 问题 真 让 我 头 疼！
Zhège wèntí zhēn ràng wǒ tóu téng.

■ 你 干吗 不 跟 我们 一起 去 呢？
Nǐ gànmá bù gēn wǒmen yìqǐ qù ne?

■ 我 不 能 理解 他 为 什么 那么 说！
Wǒ bù néng lǐjiě tā wèi shénme nàme shuō!

■ 你 越 说 我 越 糊涂。
Nǐ yuè shuō wǒ yuè hútu.

- I can't believe it!

- That's incredible!

Puzzlement

- It's strange that I feel so sleepy these days.

- I don't know why I have a headache.

- I can't understand why he behaved like that.

- I am wondering why he seldom goes back home.

- The problem is a big headache to me.

- Why don't you go with us?

- I don't understand why he said that.

- The more you said, the more puzzled I am.

24 时间 Shíjiān

时刻 Shíkè

询问时刻 Xúnwèn Shíkè

■ 现在 几 点?
Xiànzài jǐ diǎn?

■ 几 点 了?
Jǐ diǎn le?

■ 你 每天 几 点 起 床?
Nǐ měitiān jǐ diǎn qǐ chuáng?

■ 你 什么 时候 回 家?
Nǐ shénme shíhou huí jiā?

表达时刻 Biǎodá Shíkè

■ 现在 十 点 五十。
Xiànzài shí diǎn wǔshí.

■ 现在 六 点 整。
Xiànzài liù diǎn zhěng.

Time

Point in time

Asking about the time

■ What time is it?

■ What's the hour?

■ What time do you get up every morning?

■ When do you go back home?

Telling the time

■ It's 10:50.

■ It's six o'clock.

■ 正好 九 点。
Zhènghǎo jiǔ diǎn.

■ 七 点 多 了。
Qī diǎn duō le.

■ 快 到 五 点 半 了。
Kuài dào wǔ diǎn bàn le.

■ 差 一 刻 八 点。
Chà yí kè bā diǎn.

■ 九 点 零 三 分。
Jiǔ diǎn líng sān fēn.

☺
询问与回答表是否准确
Xúnwèn yǔ Huídá Biǎo Shìfǒu Zhǔnquè

■ 你 的 表 准 吗?
Nǐ de biǎo zhǔn ma?

■ 我 的 表 很 准,一 分 也 不 差。
Wǒ de biǎo hěn zhǔn, yì fēn yě bú chà.

■ 我 的 表 快 三 分。
Wǒ de biǎo kuài sān fēn.

■ 我 的 表 慢 三 分。
Wǒ de biǎo màn sān fēn.

- Nine o'clock sharp.

- It's a few minutes past seven.

- It's almost half past five.

- A quarter to eight.

- Three past nine.

**Asking and answering if one's watch
keeps good time**

- Does your watch tell the right time?

- My watch keeps good time. It never gains or loses.

- My watch gains three minutes.

- My watch is three minutes slow.

时段 Shíduàn

询问时段 Xúnwèn Shíduàn

■ 你 每天 上 几 个 小时 的 课？
Nǐ měitiān shàng jǐ ge xiǎoshí de kè?

■ 你 每天 睡 多 长 时间 的 觉？
Nǐ měitiān shuì duō cháng shíjiān de jiào?

■ 你 学 汉语 学了 几 年 了/ 你
Nǐ xué Hànyǔ xuéle jǐ nián le / Nǐ
学了 几 年 的 汉语 了？
xuéle jǐ nián de Hànyǔ le?

■ 电影 开演 几 分钟 了？
Diànyǐng kāiyǎn jǐ fēnzhōng le?

时段表达 Shíduàn Biǎodá

■ 我 每天 上 六个 小时 的 课。
Wǒ měitiān shàng liù ge xiǎoshí de kè.

■ 我 每天 睡 八个 小时 的 觉。
Wǒ měitiān shuì bā ge xiǎoshí de jiào.

Period of time

Asking about the length of time

■ How many hours of classes do you have each day?

■ How long do you sleep a day?

■ How long have you learned Chinese/ For how many years have you learned Chinese?

■ When did the film begin?

Telling the length of time

■ I have six hours of classes everyday.

■ I sleep eight hours a day.

■ 我 学 汉语 学了 半 年 了 /我 学了
　 Wǒ xué Hànyǔ xuéle bàn nián le /Wǒ xuéle
　 半 年 的 汉语 了。
　 bàn nián de Hànyǔ le.

■ 电影 已经 开演 好 几 分钟 了。
　 Diànyǐng yǐjing kāiyǎn hǎo jǐ fēnzhōng le.

■ 每 年 从 七 月 到 八 月　我们
　 Měi nián cóng qī yuè dào bā yuè wǒmen
　 都 放假。
　 dōu fàng jià.

■ 这 几 天/ 这 几 个 月 我 哪儿 也
　 Zhè jǐ tiān / zhè jǐ ge yuè wǒ nǎr yě
　 没 去，一直 待 在 家里。
　 méi qù, yìzhí dāi zài jiā li.

■ 一九九八 年 到 二〇〇〇　年，
　 Yī-jiǔ-jiǔ-bā nián dào èr-líng-líng-líng nián,
　 我 在 北京 学 汉语。
　 wǒ zài Běijīng xué Hànyǔ.

■ 从 那时起/ 从 那以后，我 就 没
　 Cóng nà shí qǐ / cóng nà yǐhòu, wǒ jiù méi
　 再 见到 他。
　 zài jiàndào tā.

■ I have been learning Chinese for half a year.

■ The film began several minutes ago.

■ We have our vacation from July to August each year.

■ I haven't been out these days/for months. I stayed at home all the time.

■ I studied Chinese in Beijing from 1998 to 2000.

■ I haven't seen him since then/from then on.

日期 Rìqī

询问年、月、日 Xúnwèn Nián、Yuè、Rì

■ 今天 几 月 几 号?
Jīntiān jǐ yuè jǐ hào?

■ 今天 星期 几?
Jīntiān xīngqī jǐ?

■ 你 是 哪年 大学 毕业 的?
Nǐ shì nǎ nián dàxué bì yè de?

■ 你 是 今年 几 月 到 北京 的?
Nǐ shì jīnnián jǐ yuè dào Běijīng de?

■ 你 是 哪天 出生 的?
Nǐ shì nǎ tiān chūshēng de?

■ 你 的 生日 是 几 月 几 号?
Nǐ de shēngri shì jǐ yuè jǐ hào?

Date

Asking about the date

■ What's the date today?

■ What day is today?

■ In which year did you graduate from the university?

■ In which month did you come to Beijing this year?

■ When is your birthday?

■ Which day is your birthday?

年、月、日的表达 Nián、Yuè、Rì de Biǎodá

■ 今天 八 月 十五 号，星期 三。
Jīntiān bā yuè shíwǔ hào, xīngqī sān.

■ 一九九八 年 我 从 北京 大学 毕业。
Yī-jiǔ-jiǔ-bā nián wǒ cóng Běijīng Dàxué bìyè.

■ 今年 九 月，我 来到 北京。
Jīnnián jiǔ yuè, wǒ láidào Běijīng.

■ 我 是 一九七五 年 四 月 二十五 日
Wǒ shì yī-jiǔ-qī-wǔ nián sì yuè èrshíwǔ rì

出生 的。
chūshēng de.

■ 上 星期我 去 故宫 了。
Shàng xīngqī wǒ qù Gùgōng le.

■ 八十 年代 以来，中国 开始了 改革
Bāshí niándài yǐlái, Zhōngguó kāishǐle gǎigé

开放。
kāifàng.

Telling the date (day, month and year)

- Today is August 15th, Wednesday.

- I graduated from Beijing University in 1998.

- I came to Beijing this September.

- I was born on April 25, 1975.

- I went to the Imperial Palace last week.

- China has carried out the policy of reform and opening up since the 1980s.

频度 Píndù

■ 我 每 年 有 两 个 假期。
Wǒ měi nián yǒu liǎng ge jiàqī.

■ 我 每 月 去 看 父母 一 次。
Wǒ měi yuè qù kàn fùmǔ yí cì.

■ 我 每 星期 看 两 次 电影。
Wǒ měi xīngqī kàn liǎng cì diànyǐng.

■ 我 每天 工作 八 小时。
Wǒ měitiān gōngzuò bā xiǎoshí.

Frequency

■ I have two vacations every year.

■ I go to visit my parents once every month.

■ I go to cinema twice every week.

■ I work eight hours everyday.

25 空间 Kōngjiān

1)……边/面,有……
2)……边/面是……
3)n+在……边/面
4)V+在……上/下、里、外等
5)……中间,V 着……

这些词组表示了空间及位置关系。

位置 Wèizhì

■ 学校 的 旁边, 有一家 小 超市。
Xuéxiào de pángbiān, yóu yì jiā xiǎo chāoshì.

■ 我家 前面 是 条 大路。
Wǒ jiā qiánmian shì tiáo dà lù.

■ 麦当劳 在 超市 的 对面。
Màidāngláo zài chāoshì de duìmiàn.

■ 眼镜 放 在 桌子 上 了。
Yǎnjìng fàng zài zhuōzi shang le.

■ 两 座 楼 中间 停着 几 辆 汽车。
Liǎng zuò lóu zhōngjiān tíngzhe jǐ liàng qìchē.

Space

1) There is/are ... in front/at the back/on the ... side of ....
2) In front/at the back/on the ... side of ... is/are ....
3) N＋in front/at the back/on the ... side of ....
4) V＋on/under/in/outside the ....
5) V 着... between the ...

These are the patterns to express spatial and location relations.

Position

■ There is a small supermarket beside the school.

■ In front of my home is a broad road.

■ The McDonald's is on the opposite of the supermarket.

■ The glasses are put on the table.

■ The cars are parked between the two buildings.

方向 Fāngxiàng

■ 下 雨 了，我们 都 跑到 树下 来 了。
Xià yǔ le, wǒmen dōu pǎodào shùxià lái le.

■ 不 一会儿，他们 就 爬到了 山顶。
Bù yíhuìr, tāmen jiù pádàole shāndǐng.

■ 我 看见 小 张 朝 我 走 过来。
Wǒ kànjiàn Xiǎo Zhāng cháo wǒ zǒu guòlai.

■ 我 住 的屋子 是 朝 南 的。
Wǒ zhù de wūzi shì cháo nán de.

■ 这 趟 列车 是 从 北京 开 往
Zhè tàng lièchē shì cóng Běijīng kāi wǎng
上海 的。
Shànghǎi de.

■ 我 坐 的 是 从 广州 飞 往
Wǒ zuò de shì cóng Guǎngzhōu fēi wǎng
北京 的 航班。
Běijīng de hángbān.

■ 我 出生 在 北方，不过 我 在
Wǒ chūshēng zài běifāng, búguò wǒ zài
南方 生活过 一 段 时间。
nánfāng shēnghuóguo yí duàn shíjiān.

140

Direction

■ It began to rain. We all ran to the tree for shelter.

■ In no time, they reached the top of the mountain.

■ I saw Xiao Zhang walking towards me.

■ The room I'm living in faces the south.

■ The train is from Beijing to Shanghai.

■ The flight I took flies from Guangzhou to Beijing.

■ I was born in the North, but I have lived in the South for some time.

距离 Jùlí

■ 从 这儿 到 机场 有 多 远?
Cóng zhèr dào jīchǎng yǒu duō yuǎn?

■ 学校 离我住的地方不太 远。
Xuéxiào lí wǒ zhù de dìfang bú tài yuǎn.

■ 去最近的医院也要花二十 分钟。
Qù zuì jìn de yīyuàn yě yào huā èrshí fēnzhōng.

（可用时间长度来表达）

■ 餐厅 离我住的宿舍也就二百
Cāntīng lí wǒ zhù de sùshè yě jiù èrbǎi

米 远。
mǐ yuǎn.

（可用距离长度来表达）

地址 Dìzhǐ

（排列顺序从大到小）

■ 我们 学校 在 北京 市 海淀 区
Wǒmen xuéxiào zài Běijīng Shì Hǎidiàn Qū

学院 路十五号。
Xuéyuàn Lù shíwǔ hào.

■ 我的宿舍是十四楼 三一八 房间。
Wǒ de sùshè shì shísì lóu sān-yāo-bā fángjiān.

Distance

■ How far is it from here to the airport?

■ The school is not far from where I live.

■ It takes at least 20 minutes to the nearest hospital.

(*A distance can be expressed in terms of time.*)

■ The restaurant is only 200 meters from my dorm.

(*A distance can be expressed in terms of length.*)

Address

(*In the order from big to small areas*)

■ Our university is located at 15, Xueyuan Road, Haidian District.

■ My dorm is Room 318, Building 14.

26 度量 Dùliáng

长、宽、高、深 Cháng、Kuān、Gāo、Shēn

■ 这 幅 画儿 有 五 米 长。
Zhè fú huàr yǒu wǔ mǐ cháng.

■ 黄 河 的 长度 大约 是 五千
Huáng Hé de chángdù dàyuē shì wǔqiān
六百 千米。
liùbǎi qiānmǐ.

■ 京津 高速 公路 长 一百 二十 公里。
Jīng-Jīn gāosù gōnglù cháng yìbǎi èrshí gōnglǐ.
("宽、高、深"的用法与"长"的用法相同)

■ 小 王 身 高 一 米 八〇。
Xiǎo Wáng shēn gāo yì mǐ bā-líng.

面积、体积、重量 Miànjī、Tǐjī、Zhòngliàng

■ 我们 家 客厅 的 面积 是 二十五
Wǒmen jiā kètīng de miànjī shì èrshíwǔ
平方米。
píngfāngmǐ.

Measurement

Length, width, height and depth

■ The picture is 5 meters long.

■ The Yellow River is about 5, 600 kilo-
meters long.

■ The Beijing-Tianjin Expressway is 120
kilometers long.

(*The expressions of "width, height and
depth" are the same as those of length.*)

■ Xiao Wang is 1. 80 meters tall.

Area, volume and weight

■ The area of our sitting-room is 25
square meters.

■ 我们 家 的 院子 有 两 个 客厅
Wǒmen jiā de yuànzi yǒu liǎng ge kètīng

那么 大。
nàme dà.

■ 这个 箱子 的 大小/体积 正 合适。
Zhège xiāngzi de dàxiǎo/tǐjī zhèng héshì.

■ 我 的 体重 是 五十七 公斤。
Wǒ de tǐzhòng shì wǔshíqī gōngjīn.

■ 我 要 买 两 斤 苹果。
Wǒ yào mǎi liǎng jīn píngguǒ.

■ 这 瓶 牛奶 净重 二百五十 克。
Zhè píng niúnǎi jìngzhòng èrbǎi wǔshí kè.

■ 这 袋 米 毛重 五十一 公斤。
Zhè dài mǐ máozhòng wǔshíyī gōngjīn.

温度 Wēndù

体温 Tǐwēn

■ 我 好像 发烧 了，我 得 量 一下
Wǒ hǎoxiàng fāshāo le, wǒ děi liáng yíxià

体温。
tǐwēn.

■ 我 的 体温表 放 哪儿 了？
Wǒ de tǐwēnbiǎo fàng nǎr le?

■ Our yard is twice as large as the sitting-room.

■ The size of the box is just right.

■ I weigh 57 kilos.

■ Give me two *jin* of apples.

■ The net weight of this bottle of milk is 250 grams.

■ The gross weight of the bag of rice is 51 kilos.

Temperature

Body temperature

■ It seems that I have a fever. I'd better take my temperature.

■ Where's the thermometer?

■ 你 的 体温 是 三十八 度 五。
Nǐ de tǐwēn shì sānshíbā dù wǔ.

气温 Qìwēn

■ 今天 比较 热，最 高 气温 三十九 度。
Jīntiān bǐjiào rè, zuì gāo qìwēn sānshíjiǔ dù.

■ 今天 白天 的 最 低 气温 是 零下
Jīntiān báitiān de zuì dī qìwēn shì língxià

五 度。
wǔ dù.

■ 明天 气温 零下 三 至 五 度。
Míngtiān qìwēn língxià sān zhì wǔ dù.

年龄 Niánlíng

询问年龄 Xúnwèn Niánlíng

■ 你 今年 多 大 了？（问成人）
Nǐ jīnnián duō dà le?

■ 你 现在 几 岁 了？（问十岁内小孩子）
Nǐ xiànzài jǐ suì le?

■ 您 多 大 岁数/年纪 了？（问老人）
Nín duō dà suìshu/niánjì le?

148

■ Your temperature is 38.5℃.

Air temperature

■ It's hot today. The maximum temperature is 39℃.

■ The minimum temperature of today is 5℃ below zero.

■ The temperature of tomorrow is 3℃ to 5℃ below zero.

Age

Asking about the age

■ How old are you? (*to an adult*)

■ How old are you? (*to a child less than ten*)

■ How old are you? (*to an old person*)

年龄表达 Niánlíng Biǎodá

■ 我 今年 二十 岁。
Wǒ jīnnián èrshí suì.

■ 我 妈妈 五十 多 岁 了。
Wǒ māma wǔshí duō suì le.

■ 我 女儿 两 岁 半 了。
Wǒ nǚ'ér liǎng suì bàn le.

价格 Jiàgé

询问价格 Xúnwèn Jiàgé

■ 这 件 衣服 多少 钱?
Zhè jiàn yīfu duōshao qián?

■ 这 种 杯子 多少 钱 一个?
Zhè zhǒng bēizi duōshao qián yí ge?

■ 这 苹果 怎么 卖?
Zhè píngguǒ zěnme mài?

价格表达 Jiàgé Biǎodá

■ 这 件 衣服 五百 三十 块。
Zhè jiàn yīfu wǔbǎi sānshí kuài.

Telling the age

■ I'm 20.

■ My mother is more than 50.

■ My daughter is two and a half.

Price

Asking about the price

■ How much is this dress?

■ How much is the cup?

■ How do you sell the apples?

Telling the price

■ The dress costs 530 *yuan*.

■ 杯子 两 块 八 一 个。
　Bēizi liǎng kuài bā yí ge.

■ 苹果 一 块 七 一 斤,五 块 钱 三 斤。
　Píngguǒ yí kuài qī yì jīn, wǔ kuài qián sān jīn.

■ 这 衣服 太 贵 了,不 值 五百 元。
　Zhè yīfu tài guì le, bù zhí wǔbǎi yuán.

■ 这儿 的 东西 真 便宜,物 美 价 廉。
　Zhèr de dōngxi zhēn piányi, wù měi jià lián.

约数、倍数和平均数
Yuēshù、Bèishù hé Píngjūnshù

约数 Yuēshù

■ 我们 公司 大约 有 二百 多 名 职员。
　Wǒmen gōngsī dàyuē yǒu èrbǎi duō míng zhíyuán.

■ 这 本 书 有 二百 页 左右。
　Zhè běn shū yǒu èrbǎi yè zuǒyòu.

■ 一般 人 的 工资 在 五百 元 上下。
　Yìbān rén de gōngzī zài wǔbǎi yuán shàngxià.

■ 我们 等了 他 差不多 半 个 小时。
　Wǒmen děngle tā chàbuduō bàn ge xiǎoshí.

■ 我们 学校 有 近 千 名 留学生。
　Wǒmen xuéxiào yǒu jìn qiān míng liúxuéshēng.

- Two *yuan* and eighty cents for one cup.
- One *yuan* and seventy cents for *a jin* of the apples and 5 *yuan* for three *jin*.
- The dress is too expensive. It is not worth 500 *yuan*.
- The goods here are cheap and of good quality.

Approximate number, multiple and average

Approximate number

- There are about 200 employees in our company.
- The book has about 200 pages.
- The average salary is more or less than 500 *yuan*.
- We have been waiting for him for almost half an hour.
- There are about a thousand foreign students in our university.

■ 买 这些 东西 花了我 三四 百 块 钱。
Mǎi zhèxiē dōngxi huāle wǒ sān-sì bǎi kuài qián.

■ 这个 房间 能 坐 五百 多 人。
Zhège fángjiān néng zuò wǔbǎi duō rén.

■ 我们 公司 职员 的 年龄 在 二十五
Wǒmen gōngsī zhíyuán de niánlíng zài èrshíwǔ
岁 到 四十五 岁 之间。
suì dào sìshíwǔ suì zhījiān.

■ 你 这件 衣服 也就 百 八十 块。
Nǐ zhè jiàn yīfu yě jiù bǎi bā shí kuài.

倍数 Bèishù

■ 今年 我爸爸 的 年龄 正好 是 我
Jīnnián wǒ bàba de niánlíng zhènghǎo shì wǒ
的 三 倍。
de sān bèi.

■ 小 王 用了 比我 多 一 倍 的
Xiǎo Wáng yòngle bǐ wǒ duō yí bèi de
时间 才 写完 这个 报告。
shíjiān cái xiěwán zhège bàogào.

■ These things cost me 300 to 400 *yuan*.

■ The room can hold more than 500 people.

■ The age of the employees in our company ranges from 25 to 45.

■ You must have paid 80 — 100 *yuan* for this dress.

Multiple

■ By this year my father's age is three times that of mine.

■ It took Xiao Wang twice the time of mine to finish the report.

■ 今年 这个 工厂 的 空调 产量
Jīnnián zhège gōngchǎng de kōngtiáo chǎnliàng

比 去年 增加了 一倍。
bǐ qùnián zēngjiāle yí bèi.

平均数 Píngjūnshù

■ 我 每天 平均 工作 八 小时。
Wǒ měitiān píngjūn gōngzuò bā xiǎoshí.

■ 我们 公司 的 职员 平均 年龄
Wǒmen gōngsī de zhíyuán píngjūn niánlíng

为 三十二 岁。
wéi sānshí'èr suì.

■ 来 长城 游览的 游客 平均 每天
Lái Chángchéng yóulǎn de yóukè píngjūn měitiān

有 两万 名。
yǒu liǎngwàn míng.

比率和比例 Bǐlǜ hé Bǐlì

■ 我们 公司 员工 的 男女 比例 是
Wǒmen gōngsī yuángōng de nán nǚ bǐlì shì

三 比 一。
sān bǐ yī.

■ The output of the air-conditioners in this factory has been increased by 100% over that of the last year.

Average

■ On average, I work eight hours a day.

■ The age of the employees of our company averages 32.

■ On average, the number of the tourists to the Great Wall reaches 20,000 everyday.

Ration and proportion

■ The proportion of men to women in our company is 3 to 1.

■ 我们 单位 的 女 职员 占 全 公司
Wǒmen dānwèi de nǚ zhíyuán zhàn quán gōngsī

女 职员 的 五分之一。
nǚ zhíyuán de wǔ fēn zhī yī.

■ 这 次 考试 我 有 百分之二十 的 问题
Zhè cì kǎoshì wǒ yǒu bǎifēnzhī èrshí de wèntí

没 回答。
méi huídá.

■ The female staff in our unit take one fifth of all those in the whole company.

■ I didn't answer 20 percent of the questions in the exam.

27 比较 Bǐjiào

相等比较 Xiāngděng Bǐjiào

■ 你 二十 岁，我 也 二十 岁，我 跟 你
　Nǐ èrshí suì, wǒ yě èrshí suì, wǒ gēn nǐ
　一样 大。
　yíyàng dà.

■ 我 跟 你 一样，英语 说 得 都 不 好。
　Wǒ gēn nǐ yíyàng, Yīngyǔ shuō de dōu bù hǎo.

■ 这 两 种 啤酒 的 味道 相同。
　Zhè liǎng zhǒng píjiǔ de wèidao xiāngtóng.

■ 他 一 个 月 的 工资 相当 于 我
　Tā yí ge yuè de gōngzī xiāngdāng yú wǒ
　半 年 的。
　bàn nián de.

■ 这 种 牌子 的 牛奶 和 那 种
　Zhè zhǒng páizi de niúnǎi hé nà zhǒng
　牌子 的 没 什么 不同/差别。
　páizi de méi shénme bùtóng/chābié.

Comparison

Equal comparison

■ You're 20 years old. Me too. We are of the same age.

■ I speak English no better than you do.

■. The two kinds of beer taste the same.

■ His monthly salary is as much as what I have earned for half a year.

■ The milk of this brand doesn't have much difference from that brand of milk.

相似比较 Xiāngsì Bǐjiào

■ 你 这 件 衣服 跟 我 买 的 那 件
Nǐ zhè jiàn yīfu gēn wǒ mǎi de nà jiàn

差 不 多。
chà bu duō.

■ 你 的 想法 跟 我 的 很 相似。
Nǐ de xiǎngfǎ gēn wǒ de hěn xiāngsì.

■ 中国 文化 和 韩国 文化 有 很
Zhōngguó wénhuà hé Hánguó wénhuà yǒu hěn

多 相似 之 处。
duō xiāngsì zhī chù.

■ 他 今天 像 没 睡醒 似 的，总 打
Tā jīntiān xiàng méi shuìxǐng shì de, zǒng dǎ

哈欠。
hāqiàn.

■ 我 也 有 一 本 跟 这 本 类似 的
Wǒ yě yǒu yì běn gēn zhè běn lèisì de

语法 书。
yǔfǎ shū.

■ 这 姐妹 俩 长 得 很 像。
Zhè jiěmèi liǎ zhǎng de hěn xiàng.

■ 我们 俩的 个头 不 相 上下。
Wǒmen liǎ de gètóu bù xiāng shàngxià.

Similarity

■ There is not much difference between your dress and mine.

■ Your idea is similar to mine.

■ There are many similarities between Chinese and Korean culture.

■ Today, it looks like he hasn't had enough sleep. He keeps yawning.

■ I have a grammar book similar to this one.

■ The two sisters are very much alike.

■ We two are of about the same height.

■ 你 的 房子 有 我 的 这么 大 吗?
Nǐ de fángzi yǒu wǒ de zhème dà ma?

不相等比较 Bù Xiāngděng Bǐjiào

■ 我 妹妹 的 数学 比 我 的 好。
Wǒ mèimei de shùxué bǐ wǒ de hǎo.

■ 我 妹妹 的 数学 比 我 的 还/更 好。
Wǒ mèimei de shùxué bǐ wǒ de hái/gèng hǎo.

■ 我 妹妹 的 数学 比 我 的 好 多 了。
Wǒ mèimei de shùxué bǐ wǒ de hǎo duō le.

■ 我 妹妹 的 数学 比 我 的 好 很 多。
Wǒ mèimei de shùxué bǐ wǒ de hǎo hěn duō.

■ 我 妹妹 的 数学 比 我 的 好 得 多。
Wǒ mèimei de shùxué bǐ wǒ de hǎo de duō.

■ 我 妹妹 的 数学 比 我 的 好 一点儿/
Wǒ mèimei de shùxué bǐ wǒ de hǎo yìdiǎnr/
一些。
yìxiē.

■ 这 家 饭馆儿 不如 那 家 干净。
Zhè jiā fànguǎnr bùrú nà jiā gānjìng.

■ 今天 没有 昨天 冷。
Jīntiān méiyǒu zuótiān lěng.

■ Is your room as big as mine?

Unequal comparison

■ My younger sister's math is better than mine.

■ My younger sister's math is better than mine.

■ My younger sister's math is much better than mine.

■ My younger sister's math is much better than mine.

■ My sister's math is much better than mine.

■ My sister's math is somewhat better than mine.

■ This restaurant is not as clean as that one.

■ It's not as cold today as yesterday.

极度比较 Jídù Bǐjiào

■ 他 是 我们 班 最 聪明 的 学生。
Tā shì wǒmen bān zuì cōngmíng de xuésheng.

■ 在 我们 公司，他 的 职位 是 最
Zài wǒmen gōngsī, tā de zhíwèi shì zuì
高 的。
gāo de.

选择比较 Xuǎnzé Bǐjiào

■ ——在 家 吃 还是 出去 吃？
Zài jiā chī háishi chūqu chī?

——我 看 还是 出去 吃 方便。
Wǒ kàn háishi chūqu chī fāngbiàn.

■ 与其 说 我 唱 得 好，不如 说 这
Yǔqí shuō wǒ chàng de hǎo, bùrú shuō zhè
首 歌 写 得 好。
shǒu gē xiě de hǎo.

■ 我 宁愿/宁可 不 工作，也不去
Wǒ nìngyuàn/nìngkě bù gōngzuò, yě bú qù
他 的 公司 上 班。
tā de gōngsī shàng bān.

Superlative comparison

■ He is the smartest student in our class.

■ His post is highest in our company.

Selective comparison

■ Do you want to have dinner at home or out?
—I think it's convenient to dine out.

■ Better say this is a good song than that I am a good singer.

■ I'd rather remain unemployed than work in his company.

28 选择 Xuǎnzé

不确定选择 Bú Quèdìng Xuǎnzé

■ 我们 坐 公共 汽车 去 还是 坐
Wǒmen zuò gōnggòng qìchē qù háishi zuò

出租 汽车 去?
chūzū qìchē qù?

■ 你 要么 今天 来，要么 明天 来，
Nǐ yàome jīntiān lái, yàome míngtiān lái,

都 可以。
dōu kěyǐ。

■ 或者 你 去，或者 我 去，咱俩 得
Huòzhě nǐ qù, huòzhě wǒ qù, zán liǎ děi

有 一个 人 去.
yǒu yí ge rén qù.

■ 看 样子，你 不是 韩国人 就是
Kàn yàngzi, nǐ bú shì Hánguórén jiù shì

日本人。
Rìběnrén。

Selection

Uncertain selection

■ Shall we go there by bus or by taxi?

■ You may either come today or tomorrow, as you like.

■ Either you or me must go there.

■ It appears to me that you are either a Korean or Japanese.

■　买　什么　颜色　的　大衣　呢?　红　的
　　Mǎi shénme yánsè de dàyī ne? Hóng de

　　吧，太　亮，白　的　吧，不　耐　脏。
　　ba, tài liàng, bái de ba, bú nài zāng.

确定选择 Quèdìng Xuǎnzé

见"选择比较"

■ Which overcoat shall I take? The red one is too bright, but the white is easy to get dirty.

Certain selection

Please refer to "Selective comparisons".

29 求助 Qiúzhù

一般求助 Yìbān Qiúzhù

■ 帮帮　　我/帮　我　一下!
Bāngbang wǒ/bāng wǒ yíxià!

■ 请　您　帮　个　忙。
Qǐng nín bāng ge máng.

■ 请　您　帮　我　把　那　本　书　递　过来。
Qǐng nín bāng wǒ bǎ nà běn shū dì guòlai.

■ 你　能　帮　我　把　那　个　箱子　抬到
Nǐ néng bāng wǒ bǎ nàge xiāngzi táidào

楼上　　吗?
lóushàng ma?

■ 拜托　您　把　这　封　信　交　给　他。
Bàituō nín bǎ zhè fēng xìn jiāo gěi tā.

172

Asking for Help

On a general occasion

▨ Could you do me a favor?

▨ Give me a hand, please.

▨ Pass me the book, please.

▨ Could you help me carry the box upstairs?

▨ Could you please take the letter to him?

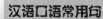
紧急求助 Jǐnjí Qiúzhù

■ 救命!
　Jiù mìng!

■ 快 来人啊!
　Kuài lái rén a!

In case of emergency

■ Help!

■ Somebody helps me!

30 拒绝和推辞 Jùjué hé Tuīcí

拒绝 Jùjué

（直接表达，态度明确）

■ 对不起，我不能答应你的要求。
　 Duì bu qǐ, wǒ bù néng dāying nǐ de yāoqiú.

■ 很抱歉，我不能跟你一起去。
　 Hěn bàoqiàn, wǒ bù néng gēn nǐ yìqǐ qù.

■ 对不起，您的礼物我不能接受。
　 Duì bu qǐ, nín de lǐwù wǒ bù néng jiēshòu.

■ 不行/不可以。
　 Bù xíng/bù kěyǐ.

■ 没门儿！
　 Méi ménr!

■ 用不着你来安慰我。
　 Yòng bu zháo nǐ lái ānwèi wǒ.

■ 我的事儿不用你管。
　 Wǒ de shìr bú yòng nǐ guǎn.

（含有较强的不悦的语气）

Refusing and Declining Sb.'s Request

Refusing sb.'s request

(*directly and flatly*)

■ Sorry, I can't comply with your request.

■ I'm sorry, I can't go with you.

■ Sorry, I can't accept your gift.

■ No, you can't.

■ No way!

■ You needn't console me.

■ It's none of your business.

(*implying that the speaker is much annoyed*)

推辞 Tuīcí

（间接表达，语气委婉）

■ 真 不 巧，我 明天 得 考试，改
　Zhēn bù qiǎo, wǒ míngtiān děi kǎoshì, gǎi
　天 吧。
　tiān ba.

■ 这 件 事儿 以后 再 说 吧。
　Zhè jiàn shìr yǐhòu zài shuō ba.

■ 恐怕 我 今 晚 没有 时间。
　Kǒngpà wǒ jīn wǎn méiyǒu shíjiān.

■ 要是 可能 的 话，我 尽量 去。
　Yàoshi kěnéng de huà, wǒ jǐnliàng qù.

Declining sb.'s request

(*indirectly and mildly*)

▨ Sorry, I have an exam tomorrow. Let's make it another day.

▨ Let's talk about it later.

▨ I'm afraid I won't be free tonight.

▨ I'll come if I can make it.

31 原因和结果
Yuányīn hé Jiéguǒ

■ 因为 我 病 了，所以 我 没 去
Yīnwèi wǒ bìng le, suǒyǐ wǒ méi qù
上 班。
shàng bān.
（"因为""所以"可任用一个，也可用一对）

■ 我 来 中国 学习，是 因为 对 中国
Wǒ lái Zhōngguó xuéxí, shì yīnwèi duì Zhōngguó
文化 感 兴趣。
wénhuà gǎn xìngqù.

■ 我 之所以 没 告诉 你，是 怕 你 着急。
Wǒ zhīsuǒyǐ méi gàosu nǐ, shì pài nǐ zháojí.

■ 怪不得 好 久 没 见到 你 了，原来
Guàibude hǎo jiǔ méi jiàndào nǐ le, yuánlái
你 回 老家 了。
nǐ huí lǎojiā le.

■ 我 没 去 那家 公司 工作， 原因
Wǒ méi qù nà jiā gōngsī gōngzuò, yuányīn
是 我 不 喜欢 那个 公司 的 环境。
shì wǒ bù xǐhuan nàge gōngsī de huánjìng.

Cause and Result

■ I didn't go to work because I was ill. (*either* "因为" *or* "所以", *or both words can be used*)

■ I came to study in China because I'm interested in Chinese culture.

■ I didn't tell you because I don't want to worry you.

■ No wonder I haven't seen you for a long time. You went back to your hometown.

■ I didn't take the job in that company, for I didn't like the atmosphere there.

■ 由于 下 大 雨，高速路 上 发生了
Yóuyú xià dà yǔ, gāosùlù shang fāshēngle

几 起 交通 事故。
jǐ qǐ jiāotōng shìgù.

■ 他 没 参加 考试 的 理由 是 他 妈妈
Tā méi cānjiā kǎoshì de lǐyóu shì tā māma

病 了。
bìng le.

■ 我 不 喜欢 热闹，这 就 是 我 为
Wǒ bù xǐhuan rènao, zhè jiù shì wǒ wèi

什么 没 参加 晚会 的 原因。
shénme méi cānjiā wǎnhuì de yuányīn.

■ 我 好 几 天 没 看 电视 了，因而
Wǒ hǎo jǐ tiān méi kàn diànshì le, yīnér

不 知道 有 什么 新闻。
bù zhīdào yǒu shénme xīnwén.

■ 他 汉语 说 得 太 好 了，以至于 我
Tā Hànyǔ shuō de tài hǎo le, yǐzhì yú wǒ

以为 他 是 中国人。
yǐwéi tā shì Zhōngguórén.

■ Several traffic accidents took place on the highway due to the heavy rain.

■ He didn't take the exam because his mother fell ill.

■ I didn't go to the party because I don't like being with so many people.

■ I haven't watched TV for several days. As a result, I've got no idea of what is going on.

■ His Chinese is so good that I took him as a Chinese.

32 目的 Mùdì

■ 为了 学 汉语，我 来到 中国。
Wèile xué Hànyǔ, wǒ láidào Zhōngguó.

■ 我 学 汉语 是 为了 在 中国 工作。
Wǒ xué Hànyǔ shì wèile zài Zhōngguó gōngzuò.

■ 我 这样 做 的 目的 是 让 你 更
Wǒ zhèyàng zuò de mùdì shì ràng nǐ gèng

好 地 了解 我。
hǎo de liǎojiě wǒ.

■ 对 你 这么 严格，为 的 是 让 你
Duì nǐ zhème yángé, wèi de shì ràng nǐ

进步 得 更 快。
jìnbù de gèng kuài.

■ 这些 奖品 是 用来 奖励 优秀
Zhèxiē jiǎngpǐn shì yònglái jiǎnglì yōuxiù

学生 的。
xuésheng de.

Purpose

■ I came to China to learn Chinese.

■ I study Chinese for the purpose of finding a job in China.

■ What I have done is to make you understand me better.

■ I'm so strict with you so that you can make more rapid progress.

■ These are the prizes for excellent students.

33 假设和条件
Jiǎshè hé Tiáojiàn

假设 Jiǎshè

■ 要是 你不去，就 给 我 打 个 电话。
Yàoshi nǐ bú qù, jiù gěi wǒ dǎ ge diànhuà.

■ 如果 你 不 想 吃，就 不要 吃 了。
Rúguǒ nǐ bù xiǎng chī, jiù búyào chī le.

■ 下雨 的 话，我们 就 待 在 家里。
Xiàyǔ de huà, wǒmen jiù dāi zài jiāli.

■ 假如 你 需要 的 话，我 可以 帮 你
Jiǎrú nǐ xūyào de huà, wǒ kěyǐ bāng nǐ
买 一 本。
mǎi yì běn.

■ 万一 这 车 被 撞坏 了，保险
Wànyī zhè chē bèi zhuànghuài le, bǎoxiǎn
公司 会 赔偿 我们。
gōngsī huì péicháng wǒmen.

■ 要 不 是 你 来 了，我 还 不 知道
Yào bu shì nǐ lái le, wǒ hái bù zhīdào
怎么 办 呢。
zěnme bàn ne.

Supposition and Condition

Supposition

- Give me a call if you don't go.

- Leave it if you don't want to eat.

- We will stay at home if it rains.

- If you need, I can buy a book for you.

- Should the car be crashed, we would get the damages from the insurance company.

- I really don't know what to do if you don't come.

■ 真 像 你 说 的 那样，我 就 放
Zhēn xiàng nǐ shuō de nàyàng, wǒ jiù fàng

心 了。
xīn le.

条件 Tiáojiàn

■ 只要 你 努力 学习，就 一定 能 学好。
Zhǐyào nǐ nǔlì xuéxí, jiù yídìng néng xuéhǎo.

■ 只有 到了 秋天，才 能 看到 香
Zhǐyǒu dàole qiūtiān, cái néng kàndào Xiāng

山 红叶。
Shān hóngyè.

■ 我 一 有 时间 就 去 看 你。
Wǒ yì yǒu shíjiān jiù qù kàn nǐ.

■ 既然 你 想 知道，那 我 就 全
Jìrán nǐ xiǎng zhīdào, nà wǒ jiù quán

告诉 你 吧。
gàosu nǐ ba.

■ 没有 大家 的 照顾，我 的 身体 哪
Méiyǒu dàjiā de zhàogù, wǒ de shēntǐ nǎ

能 恢复 得 这么 快。
néng huīfù de zhème kuài.

■ I'll be at ease if it is like what you said.

Condition

■ You will make a great success so long as you work hard.

■ We can't see the red leaves on the Fragrant Hill until autumn.

■ I'll visit you as soon as I'm free.

■ Since you want to know about it, I'll tell you everything.

■ Without your help, I can't recover so soon.

■ 除非 你 答应 我 的 条件，否则 我
　Chúfēi nǐ dāying wǒ de tiáojiàn, fǒuzé wǒ

不 会 去 上 班。
bú huì qù shàng bān.

■ 除非 你 答应 我 的 条件，我 才 会
　Chúfēi nǐ dāying wǒ de tiáojiàn, wǒ cái huì

去 上 班。
qù shàng bān.

■ 多 穿 点儿 衣服，不然 会 感冒 的。
　Duō chuān diǎnr yīfu, bùrán huì gǎnmào de.

■ 有了 好 身体，才 能 工作。
　Yǒule hǎo shēntǐ, cái néng gōngzuò.

■ 你 一旦 放弃 比赛，就 意味着 你
　Nǐ yídàn fàngqì bǐsài, jiù yìwèizhe nǐ

输 了。
shū le.

■ I won't come back to work unless you accept my conditions.

■ I'll go back to work provided that you accept my conditions.

■ Put on more clothes, or you'll catch a cold.

■ You can't work if you are not in good health.

■ Once you give up, you will lose the game.

34 列举和举例 Lièjǔ hé Jǔ Lì

列举 Lièjǔ

■ 校园　里的　生活　很　简单，　上
Xiàoyuán li de shēnghuó hěn jiǎndān, shàng

课、吃饭、睡觉，没　什么　特别的。
kè, chī fàn, shuìjiào, méi shénme tèbié de.

（几个相同结构的词或短语的排列）

■ 早上，　　校园　里　锻炼　的　人　很
Zǎoshang, xiàoyuán li duànliàn de rén hěn

多，跑步　的、打　球　的、打　太极拳
duō, pǎobù de, dǎ qiú de, dǎ tàijíquán

的，还有　跳　舞的。
de, háiyǒu tiào wǔ de.

■ 我　有　很　多　朋友，有的　是　公司
Wǒ yǒu hěn duō péngyou, yǒude shì gōngsī

职员，　有的　　当　　老师，　有的
zhíyuán, yǒude dāng lǎoshī, yǒude

是　工人。
shì gōngrén.

Enumeration and Exemplification

Enumeration

■ The campus life is quite simple: going to classes, having meals, and sleeping, nothing special.

(*words or phrases of the same structure put together*)

■ In the morning, there are a lot of people doing exercises on the campus: some running, some playing balls, some playing *taijiquan* and some dancing.

■ I have a lot of friends. Some of them are the clerks of companies, some are teachers, and some are workers.

■ 参加 这次 歌唱 比赛 的 同学 很
Cānjiā zhè cì gēchàng bǐsài de tóngxué hěn

多，有 本地 的，也 有 外地 的。
duō, yǒu běndì de, yě yǒu wàidì de.

■ 这 几 天 我 很 忙，又 是 准备
Zhè jǐ tiān wǒ hěn máng, yòu shì zhǔnbèi

考试，又 是 忙着 买 回国 的 东西。
kǎoshì, yòu shì mángzhe mǎi huí guó de dōngxi.

■ 我 这次 来 上海，一 来(呢)
Wǒ zhè cì lái Shànghǎi, yī lái(ne)

观光， 二 来(呢) 顺便 看看 老
guānguāng, èr lái(ne) shùnbiàn kànkan lǎo

朋友。
péngyou.

■ 我 学 汉语 的 理由 有 两 个：第一，
Wǒ xué Hànyǔ de lǐyóu yǒu liǎng ge: dì-yī,

我 对 汉语 感 兴趣；第二，学完 后，
wǒ duì Hànyǔ gǎn xìngqù; dì-èr, xuéwán hòu,

我 希望 能 找 一个 好 工作。
wǒ xīwàng néng zhǎo yí ge hǎo gōngzuò.

■ 这次 考试 成绩 不好 只能 怪
Zhè cì kǎoshì chéngjì bù hǎo zhǐnéng guài

自己， 首先， 你 没 看 清楚 考题；
zìjǐ, shǒuxiān, nǐ méi kàn qīngchu kǎotí;

其次，考试 前 你 没有 好好 复习。
qícì, kǎoshì qián nǐ méiyǒu hǎohǎo fùxí.

■ Many students, the natives or those from other places, take part in the singing contest.

■ I've been quite busy recently, preparing for the exams and shopping for what I will take back to my native country.

■ I come to Shanghai this time to see the sights of the city and visit my old friends on my way.

■ I study Chinese for two reasons: One is that I'm interested in it; the other is that I hope I can find a good job after I graduate.

■ You have nobody but yourself to blame for your failure in the exam. First, you didn't read the questions carefully; second, you haven't made a good preparation before the exam.

■ 我 买 这 本 书，一 是 因为 它
Wǒ mǎi zhè běn shū, yī shì yīnwèi tā
实用， 二 是 因为 它 便宜。
shíyòng, èr shì yīnwèi tā piányí.

■ 我 家 有 两 台 电脑，一 台 是
Wǒ jiā yǒu liǎng tái diànnǎo, yì tái shì
手提 的，另 一 台 是 桌式 的。
shǒutí de, lìng yì tái shì zhuōshì de.

举例 Jǔ Lì

■ 今年 的 水果 很 便宜，例如 苹果，才
Jīnnián de shuǐguǒ hěn piányi, lìrú píngguǒ, cái
五 毛 钱 一 斤。
wǔ máo qián yì jīn.

■ 北京 的 一些 名胜 古迹 我 还 没
Běijīng de yìxiē míngshèng gǔjì wǒ hái méi
去过，比如 圆明园、 雍和宫。
qùguo, bǐrú Yuánmíngyuán、Yōnghégōng.

■ 不 是 所有 的 中国人 都 能
Bú shì suǒyǒu de Zhōngguórén dōu néng
说好 普通话， 像 我，南方 口音
shuōhǎo pǔtōnghuà, xiàng wǒ, nánfāng kǒuyīn
就 很 重。
jiù hěn zhòng.

196

■ I bought the book because it's practical and cheap.

■ I have two computers at home. One is a laptop, the other is a desktop.

Exemplification

■ The fruit is really cheap this year. Take apples as an example, only five *jiao* for a *jin*.

■ There are some historic interests in Beijing I haven't visited yet, such as the Yuanmingyuan and the Yonghegong Lamasery.

■ Not all Chinese can speak putonghua well. Take me as an example, I have a very strong southern accent.

■ 金钱 不是 万能 的，比如 说 爱情，
Jīnqián bú shì wànnéng de, bǐrú shuō àiqíng,
用 钱 就 买 不 来。
yòng qián jiù mǎi bu lái.

■ 一般 年轻 人 都 喜欢 流行 音乐，
Yìbān niánqīng rén dōu xǐhuan liúxíng yīnyuè,
就 拿 我 来 说， 好 多 热门 歌曲 我
jiù ná wǒ lái shuō, hǎo duō rèmén gēqǔ wǒ
都 会 唱。
dōu huì chàng.

■ 汉语 的 声调 很 重要， 举 个
Hànyǔ de shēngdiào hěn zhòngyào, jǔ ge
例子 来 说，"马" 说成 "妈"，
lìzi lái shuō, "mǎ" shuōchéng "mā",
意思 就 完全 不 一样 了。
yìsi jiù wánquán bù yíyàng le.

■ Money is not omnipotent. For instance, we can't buy love with money.

■ Most of the young people love pop music, just like me. I can sing a lot of popular songs.

■ The Chinese tones are very important. For example, if you pronounce "马 mǎ" as "妈 mā", the meaning will be completely different.

35 同意和反对 Tóngyì hé Fǎnduì

同意 Tóngyì

■ 好(的)。
Hǎo(de).

■ 对。
Duì.

■ 好 主意。
Hǎo zhǔyi.

■ 行。
Xíng.

■ 可以。
Kěyǐ.

■ 听 你 的。
Tīng nǐ de.

■ 你 说 的 对。
Nǐ shuō de duì.

■ 我 没 意见。
Wǒ méi yìjiàn.

Approval and Disapproval

Approval

■ OK.

■ Yes.

■ Good idea.

■ OK.

■ That's fine.

■ Up to you.

■ You're right.

■ I have no objection.

■ 我 同意。
Wǒ tóngyì.

■ 就 照 你 说 的 办 吧。
Jiù zhào nǐ shuō de bàn ba.

反对 Fǎnduì

直接反对 Zhíjiē Fǎnduì

■ 不 行。
Bù xíng.

■ 不 对。
Bú duì.

■ 不 同意。
Bù tóngyì.

■ 你 说 的 不 对。
Nǐ shuō de bú duì.

■ 我 不 这样 认为。
Wǒ bú zhèyàng rènwéi.

■ 我 不 同意 你 的 看法。
Wǒ bù tóngyì nǐ de kànfǎ.

■ 我 的 想法 和 你 的 不 一样。
Wǒ de xiǎngfǎ hé nǐ de bù yíyàng.

■ I agree.

■ Go ahead as you said.

Disapproval

Direct disapproval

■ No.

■ That's wrong.

■ No，I don't agree.

■ You're quite wrong.

■ I don't think so.

■ I don't agree with you.

■ I have a different opinion with you.

■ 你 这么 说，我 不 能 接受。
Nǐ zhème shuō, wǒ bù néng jiēshòu.

间接反对 Jiànjiē Fǎnduì

■ 可能 事情 没 这么 简单。
Kěnéng shìqing méi zhème jiǎndān.

■ 恐怕 事情 不 像 你 说 的 那样。
Kǒngpà shìqing bú xiàng nǐ shuō de nàyàng.

■ 也许 换 个 角度 考虑 更 好。
Yěxǔ huàn ge jiǎodù kǎolǜ gèng hǎo.

■ 要是 我，可能 就 不 这样 想。
Yàoshi wǒ, kěnéng jiù bú zhèyàng xiǎng.

■ I can't accept what you said.

Indirect disapproval

■ It's not so simple as expected.

■ I'm afraid it is not as what you said.

■ It may be better if we think it in another way.

■ If I were you, I wouldn't think so.

36 自责和自夸 Zìzé hé Zìkuā

自责 Zìzé

■ 都 是 我 不 好。
Dōu shì wǒ bù hǎo.

■ 是 我 不对, 别 生气 了。
Shì wǒ bú duì, bié shēngqì le.

■ 我 承认, 这事 我 没 做好。
Wǒ chéngrèn, zhè shì wǒ méi zuòhǎo.

■ 对不起, 是 我 的 错。
Duì bu qǐ, shì wǒ de cuò.

■ 我 错 了。
Wǒ cuò le.

■ 这 事 责任 在 我, 不 能 怪 他。
Zhè shì zérèn zài wǒ, bù néng guài tā.

■ 都 怪 我 没 讲 清楚, 让 你 白
Dōu guài wǒ méi jiǎng qīngchu, ràng nǐ bái

跑 一 趟。
pǎo yí tàng.

Self-reproach and Brag

Self-reproach

■ It's all my fault.

■ I'm to blame. Don't get angry with me.

■ I admit that it's my problem.

■ Sorry, I'm wrong.

■ I'm wrong.

■ I am to take the blame for it, but not him.

■ I'm sorry that I haven't made it clear and you have made a fruitless trip.

■ 我 怎么 这么 糊涂，竟然 忘了 带
Wǒ zěnme zhème hútu, jìngrán wàngle dài

钥匙。
yàoshi.

（"怎么这么"＋贬义形容词）

■ 我 真 后悔 没 多 带 点儿 钱 来。
Wǒ zhēn hòuhuǐ méi duō dài diǎnr qián lai.

自夸 Zìkuā

■ 不 是 吹 的，我 一 个 人 就 能
Bú shì chuī de, wǒ yí ge rén jiù néng

搬走 这个 箱子。
bānzǒu zhège xiāngzi.

■ 不 是 我 吹牛，你们 都 没 我 跑
Bú shì wǒ chuīniú, nǐmen dōu méi wǒ pǎo

得 快。
de kuài.

■ 要 不是 我，你们 哪 能 住上 这么
Yào bu shì wǒ, nǐmen nǎ néng zhùshang zhème

好 的 房子。
hǎo de fángzi.

■ How stupid I am! I forgot to take the key.

(*how*+*a derogatory adjective*)

■ How I regret that I didn't take more money with me!

Brag

■ No exaggeration. I can move the box all by myself.

■ I'm not bragging. None of you runs faster than me.

■ Were it not for me, you would never have such a beautiful house.

■ 瞧 我 的。
Qiáo wǒ de.

■ 让 我 给 你 露 一 手，开开 眼。
Ràng wǒ gěi nǐ lòu yì shǒu, kāikai yǎn.

■ Leave it to me.

■ I'll give you a show.

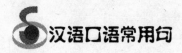

汉语口语常用句

情景篇

Qíngjǐng Piān

Situational Expressions

1 在学校 Zài Xuéxiào

入学登记 Rù Xué Dēngjì

■ 我 来 办 入 学 手续。
Wǒ lái bàn rù xué shǒuxù.

■ 我 是 四 周 班 的 学生。
Wǒ shì sì zhōu bān de xuésheng.

■ 这 是 我 的 入 学 通知书 和 护照。
Zhè shì wǒ de rù xué tōngzhīshū hé hùzhào.

■ 我 已经 交完 学费 了，这 是 收据。
Wǒ yǐjing jiāowán xuéfèi le, zhè shì shōujù.

■ 什么 时候 可以 拿到 学生证?
Shénme shíhou kěyǐ nádào xuéshēngzhèng?

住宿登记 Zhùsù Dēngjì

■ 这儿 有 空 房间 吗?
Zhèr yǒu kòng fángjiān ma?

On Campus

Registration for enrollment

■ I'd like to register for the enrollment (of the school).

■ I'm a student of the four-week class.

■ Here's my notice of admission and passport.

■ I've paid the tuition. Here's the receipt.

■ When can I have my student's card?

Registration for accommodation

■ Is there any room vacant?

■ 这儿的 房间 一天/一个月 多少 钱?
Zhèr de fángjiān yì tiān/yí ge yuè duōshao qián?

■ 这儿的 房间 有 卫生间 和
Zhèr de fángjiān yǒu wèishēngjiān hé

厨房 吗?
chúfáng ma?

■ 哪个 楼 的 宿舍 带 卫生间?
Nǎge lóu de sùshè dài wèishēngjiān?

■ 我 来 办理 住宿 手续。
Wǒ lái bànlǐ zhùsù shǒuxù.

■ 请 你 介绍 一下 这儿的 房间。
Qǐng nǐ jièshào yíxià zhèr de fángjiān.

■ 我 要 一个 单间。
Wǒ yào yí ge dānjiān.

■ 我 想 要 一个 朝 南 的 房间。
Wǒ xiǎng yào yí ge cháo nán de fángjiān.

■ 我 想 和 韩国人 一起 住。
Wǒ xiǎng hé Hánguórén yìqǐ zhù.

■ 我 是 韩国人,所以 我 不 希望 我
Wǒ shì Hánguórén, suǒyǐ wǒ bù xīwàng wǒ

的 同屋 也 是 韩国人。
de tóngwū yě shì Hánguórén.

■ How much is a room for a night/month here?

■ Does the room have a bathroom and kitchen?

■ In which building do the apartments have bathrooms?

■ I'd like to check in.

■ Could you please give me some information about the rooms here?

■ I want to have a single room.

■ I'd like a room facing the south.

■ I'd like to have a roommate from Korea.

■ I'm a Korean. I don't want a roommate who is also from Korea.

■ 为了 练习 口语，我 希望 我的 同屋
Wèile liànxí kǒuyǔ, wǒ xīwàng wǒ de tóngwū

是 一个别 的 国家 的 人。
shì yí ge bié de guójiā de rén.

分班测试 Fēn Bān Cèshì

■ 我 没 学过 汉语。
Wǒ méi xuéguo Hànyǔ.

■ 我 只 会 说 一点儿 汉语。
Wǒ zhǐ huì shuō yìdiǎnr Hànyǔ.

■ 我 只 会 说 一些 简单 的 句子。
Wǒ zhǐ huì shuō yìxiē jiǎndān de jùzi.

■ 我 知道 的 生词 比较 多，但 我
Wǒ zhīdào de shēngcí bǐjiào duō, dàn wǒ

说 得 不 好。
shuō de bù hǎo.

■ 我 认识 一些 汉字，但 不 会 写。
Wǒ rènshi yìxiē Hànzì, dàn bú huì xiě.

■ 我 只 会 说，不 认识 汉字。
Wǒ zhǐ huì shuō, bú rènshi Hànzì.

■ To practice my spoken language, I'd like a roommate from another country.

Level test

■ I haven't learned Chinese before.

■ I can only speak a little Chinese.

■ I can only say very simple sentences.

■ I have a comparatively large vocabulary, but I can't speak fluently.

■ I can read some Chinese characters, but I can't write them.

■ I can only speak Chinese, but I can't read.

■ 我 自学过 两 个 星期，没 上过 课。
Wǒ zìxuéguo liǎng ge xīngqī, méi shàngguo kè.

■ 您 看 我 在 哪个 班 合适？
Nín kàn wǒ zài nǎge bān héshì?

调班 Tiáo Bān

■ 我 想 换 班，现在 这个 班 不
Wǒ xiǎng huàn bān, xiànzài zhège bān bú
适合 我。
shìhé wǒ.

■ 这个 班 的 内容 我 都 学过 了。
Zhège bān de nèiróng wǒ dōu xuéguo le.

■ 这个 班 的 内容 对 我 来 说 太
Zhège bān de nèiróng duì wǒ lái shuō tài
简单 了。
jiǎndān le.

■ 这个 班 的 水平 太 高，我 都 听
Zhège bān de shuǐpíng tài gāo, wǒ dōu tīng
不 懂。
bu dǒng.

■ 这个 班 学 得 太 快，我 跟 不 上。
Zhège bān xué de tài kuài, wǒ gēn bu shàng.

■ I have studied for two weeks all by myself, but I have never attended any classes.

■ In which class do you think I should be?

Changing a class

■ I want to change a class. This one doesn't fit me.

■ I've already learnt what we are learning in this class.

■ What we learn now in this class is too simple for me.

■ What we learn in this class is beyond me.

■ This class progresses so fast that I can't catch up with it.

上课 Shàng Kè

■ 老师，请 您 再 说 一 遍。
Lǎoshī, qǐng nín zài shuō yí biàn.

■ 老师，请 您 慢 点儿 说。
Lǎoshī, qǐng nín màn diǎnr shuō.

■ 请问，这个 字 怎么 写？
Qǐngwèn, zhège zì zěnme xiě?

■ 我 没 听懂，请 您 再 解释 一下。
Wǒ méi tīngdǒng, qǐng nín zài jiěshì yíxià.

■ 您 能 用 英语 翻译 一下 吗？
Nín néng yòng Yīngyǔ fānyì yíxià ma?

■ 老师，我 有 个 问题。
Lǎoshī, wǒ yǒu ge wèntí.

■ 老师，这个 句子 这样 说 对 吗？
Lǎoshī, zhège jùzi zhèyàng shuō duì ma?

■ 老师，"……" 用 汉语 怎么 说？
Lǎoshī, "……" yòng Hànyǔ zěnme shuō?

■ 老师，"……" 是 什么 意思？
Lǎoshī, "……" shì shénme yìsi?

Attending a class

■ I beg your pardon, teacher.

■ Teacher, could you please speak slowly?

■ Excuse me, how do you write this word?

■ I didn't catch you. Could you please explain it to me?

■ Could you please translate it into English?

■ Excuse me, I have a question.

■ Excuse me, is this sentence right?

■ Excuse me, what is "…" in Chinese?

■ Excuse me, what does "…" mean?

与老师谈学习情况
Yǔ Lǎoshī Tán Xuéxí Qíngkuàng

■ 老师，您 能 给 我 介绍 一下 学习
Lǎoshī, nín néng gěi wǒ jièshào yíxià xuéxí

汉字 的 方法 吗?
Hànzì de fāngfǎ ma?

■ 老师，我 怎样 才 能 提高 我 的
Lǎoshī, wǒ zěnyàng cái néng tígāo wǒ de

口语 水平 呢?
kǒuyǔ shuǐpíng ne?

■ 我 的 听力 不 太 好，您 看 我 该
Wǒ de tīnglì bú tài hǎo, nín kàn wǒ gāi

怎么 做?
zěnme zuò?

■ 最近 我 觉得 有 点儿 跟 不 上，我
Zuìjìn wǒ juéde yǒu diǎnr gēn bu shàng, wǒ

该 怎么 办?
gāi zěnme bàn?

■ 您 说 的 方法 不错，我 试试。
Nín shuō de fāngfǎ búcuò, wǒ shìshi.

Talking about one's studies with the teacher

■ Teacher, could you tell me some methods to learn Chinese characters?

■ Teacher, could you tell me how to improve my spoken Chinese?

■ My listening comprehension is not good. How can I improve it?

■ Recently I feel that I can't catch up with the others. What should I do?

■ Your method sounds good. I'll try it.

与同学交流学习情况
Yǔ Tóngxué Jiāoliú Xuéxí Qíngkuàng

■ 你 学 得 真 不错， 能 介绍 一下
Nǐ xué de zhēn búcuò, néng jièshào yíxià

你的 学习 方法 吗？
nǐ de xuéxí fāngfǎ ma?

■ 你 有 什么 秘诀？ 可以 告诉 我 吗？
Nǐ yǒu shénme mìjué? Kěyǐ gàosu wǒ ma?

■ 我 总是 记 不住 生词， 你 有
Wǒ zǒngshì jì bu zhù shēngcí, nǐ yǒu

什么 好 方法 吗？
shénme hǎo fāngfǎ ma?

■ 你 每天 学习 多 长 时间？ 怎么
Nǐ měitiān xuéxí duō cháng shíjiān? Zěnme

学习？
xuéxí?

Exchanging views on studies with one's classmates

■ You've done so well in your studies. Could you tell me your method?

■ What's the secret of your success? Could you tell me?

■ I can't remember new words. Do you have any suggestions?

■ How long and in what way do you study everyday?

2 在饭馆儿 Zài Fànguǎnr

找座位 Zhǎo Zuòwèi

- 有 空 座位 吗?
  Yǒu kòng zuòwèi ma?

- 我们 可以 坐 这儿 吗?
  Wǒmen kěyǐ zuò zhèr ma?

- 我 不 喜欢 这 张 桌子, 能 换
  Wǒ bù xǐhuan zhè zhāng zhuōzi, néng huàn
  一下 吗?
  yíxià ma?

- 我们 想 坐 靠 窗户 的 桌子。
  Wǒmen xiǎng zuò kào chuānghu de zhuōzi.

- 有 没有 能 坐 八 个 人 的 大 桌子?
  Yǒu méiyǒu néng zuò bā ge rén de dà zhuōzi?

- 这 张 桌子 不错, 我们 就 坐
  Zhè zhāng zhuōzi búcuò, wǒmen jiù zuò
  这儿 吧。
  zhèr ba.

- 我们 预订了 一 个 四 人 桌。
  Wǒmen yùdìngle yí ge sì rén zhuō.

At the Restaurant

Finding a table

▦ Is there a place vacant?

▦ May we sit here?

▦ I don't like this table. Can I have another?

▦ We'd like to take a table by the window.

▦ Do you have a table that can sit eight people?

▦ This table is good. We'll take it.

▦ We've reserved a table for four.

■ 有 没有 单间？
Yǒu méiyǒu dānjiān?

点菜 Diǎn Cài

■ 小姐，给 我 菜单。
Xiǎojiě, gěi wǒ càidān.

■ 你们 这儿 有 什么 拿手 菜？
Nǐmen zhèr yǒu shénme náshǒu cài?

■ 你们 这儿 的 烤鸭 做 得 怎么样？
Nǐmen zhèr de kǎoyā zuò de zěnmeyàng?

■ 来 一 个 铁板 牛柳，一个 清炒
Lái yí ge tiěbǎn niúliǔ, yí ge qīngchǎo
西兰花， 再 来 一 个 西红柿
xīlánhuā, zài lái yí ge xīhóngshì
鸡蛋 汤。
jīdàn tāng.

■ 少 放 点儿 辣椒。
Shǎo fàng diǎnr làjiāo.

■ 先 上 米饭。
Xiān shàng mǐfàn.

■ 米饭和 菜 一起 上。
Mǐfàn hé cài yìqǐ shàng.

■ Do you have a private room?

ordering food

■ Excuse me, Miss. May I have the menu?

■ What's your speciality?

■ How's your roast duck?

■ I'll have a sliced beef on iron plate, a stir-fried broccoli and a tomato and egg soup.

■ Go easy on the pepper.

■ I'll take rice first.

■ Could you bring me the rice along with the dishes?

结 账 Jié Zhàng

■ 今天 我 请客，我 付 钱。
Jīntiān wǒ qǐng kè, wǒ fù qián.

■ 我们 各付各的，A-A制。
Wǒmen gè fù gè de, ēi-ēi zhì.

■ 小姐，结 账/ 买 单。
Xiǎojiě, jié zhàng/ mǎi dān.

■ 给 我 看看 账单。
Gěi wǒ kànkan zhàngdān.

■ 给 我 开 张 发票。
Gěi wǒ kāi zhāng fāpiào.

■ 拿 两 个 饭盒，打包。
Ná liǎng ge fànhé, dǎ bāo.

Paying the bill

■ It's my treat today. I'll pay.

■ We'll go Dutch.

■ Waitress! Bill, please.

■ Give me the bill, please.

■ May I have a receipt?

■ Two doggie's bags, please.

3 在市场 Zài Shìchǎng

询问价钱 Xúnwèn Jiàqian

- 香蕉 多少 钱 一斤?
  Xiāngjiāo duōshao qián yì jīn?

- 一斤 土豆 多少 钱?
  Yì jīn tǔdòu duōshao qián?

- 苹果 怎么 卖?
  Píngguǒ zěnme mài?

- 一斤 西红柿, 两 根 黄瓜, 一共
  Yì jīn xīhóngshì, liǎng gēn huángguā, yígòng

  多少 钱?
  duōshao qián?

询问质量等 Xúnwèn Zhìliàng Děng

- 这是 什么 苹果?
  Zhè shì shénme píngguǒ?

At the Market

Asking about the price

■ How much are the bananas per *jin*?

■ How much are the potatoes per *jin*?

■ How do you sell the apples?

■ How much do I owe you for one *jin* of tomatoes and two cucumbers?

Asking about the quality, etc.

■ What kind of apples are these?

■ 西瓜 甜 不 甜？
Xīgua tián bu tián?

■ 有 没有 大一点儿 的 洋葱？
Yǒu méiyǒu dà yìdiǎnr de yángcōng?

■ 这些 芹菜是 今天 刚 来 的 吗？
Zhèxiē qíncài shì jīntiān gāng lái de ma?

■ Are the watermelons sweet?

■ Do you have any bigger onions?

■ Is the celery newly picked today?

4 在图书馆 Zài Túshūguǎn

借书 Jiè Shū

■ 我 想 借 一本 《中国 文学 史》。
Wǒ xiǎng jiè yì běn《Zhōngguó Wénxué Shǐ》.

■ 我 想 借 一本 有关 计算机 方面
Wǒ xiǎng jiè yì běn yǒuguān jìsuànjī fāngmiàn
的 书。
de shū.

■ 我 要 借 一本 小说 《简·爱》，在
Wǒ yào jiè yì běn xiǎoshuō《Jiǎn Ài》, zài
哪儿 能 找到？
nǎr néng zhǎodào?

■ 请问， 我 怎么 能 找到 这
Qǐngwèn, wǒ zěnme néng zhǎodào zhè
本 书？
běn shū?

In the Library

Borrowing a book

■ I'd like to borrow the *History of Chinese Literature*.

■ I want to borrow a book on computer.

■ I want to borrow the novel *Jane Eyre*. Where can I find it?

■ Could you tell me how to find the book?

■ 我一次可以借几本书？
Wǒ yí cì kěyǐ jiè jǐ běn shū?

■ 专业书可以借多长时间？
Zhuānyè shū kěyǐ jiè duō cháng shíjiān?

■ 这本书什么时候到期？
Zhè běn shū shénme shíhou dàoqī?

还书 Huán Shū

■ 这本书我还没看完，能
Zhè běn shū wǒ hái méi kànwán, néng

续借吗？
xùjiè ma?

■ 这本书过期了，要罚款吗？
Zhè běn shū guòqī le, yào fákuǎn ma?

■ 对不起，我借的一本书不见
Duì bu qǐ, wǒ jiè de yì běn shū bú jiàn

了，怎么办？
le, zěnme bàn?

▓ How many books can I borrow at a time?

▓ How long can I keep a book on a specialized course?

▓ When is the book due?

Returning a book

▓ I haven't finished the book yet. Can I renew it?

▓ The book is overdue. Am I to be fined?

▓ I'm terribly sorry. I've lost one of the books I borrowed. What shall I do?

5 在银行 Zài Yínháng

问讯 Wènxùn

■ 我 要 开 一 个 活期 户头， 请问
Wǒ yào kāi yí ge huóqī hùtóu, qǐngwèn

怎么 办理?
zěnme bànlǐ?

■ 活期 的 存款 利率/利息 是 多少?
Huóqī de cúnkuǎn lìlǜ/ lìxī shì duōshao?

■ 定期 存款 还 没 到期，提前 支取
Dìngqī cúnkuǎn hái méi dàoqī, tíqián zhīqǔ

行 不 行?
xíng bu xíng?

■ 我 要 给 我 的 存折 加 一 个 密码。
Wǒ yào gěi wǒ de cúnzhé jiā yí ge mìmǎ.

■ 我 的 存折 丢 了，怎么 办?
Wǒ de cúnzhé diū le, zěnme bàn?

■ 我 把 密码 忘 了，怎么 办?
Wǒ bǎ mìmǎ wàng le, zěnme bàn?

At the Bank

Asking about savings

■ Could you please tell me how to open a current account?

■ What's the interest rate for the current account?

■ Is it possible to with draw a fixed deposit before the agreed date?

■ I'd like to encrypt my passbook.

■ I've lost my bankbook. What can I do?

■ I forgot my ciphercode. What shall I do?

■ 请 查一下我 从 柏林 来的 钱
Qǐng chá yíxià wǒ cóng Bólín lái de qián

到了 吗?
dàole ma?

换钱 Huàn Qián

■ 我 要 兑换 这 张 旅行 支票。
Wǒ yào duìhuàn zhè zhāng lǚxíng zhīpiào.

■ 请问， 今天 美元 兑 人民币 的
Qǐngwèn, jīntiān Měiyuán duì Rénmínbì de

比价/ 兑换率 是 多少?
bǐjià/ duìhuànlǜ shì duōshao?

■ 请问， 今天 一万 日元 能 换
Qǐngwèn, jīntiān yíwàn Rìyuán néng huàn

多少 人民币?
duōshao Rénmínbì?

■ 我 换 五百 欧元。
Wǒ huàn wǔbǎi Ōuyuán.

■ Could you find out whether there's a remittance for me from Berlin?

Exchanging money

■ I'd like to cash the traveler's cheque.

■ Could you please tell me the exchange rate between U. S. dollar and RMB?

■ How much RMB would I get for 10,000 yen today?

■ I'd like to change 500 euro.

6 在邮局 Zài Yóujú

买邮品 Mǎi Yóupǐn

■ 买 五 张 两 块 的、五 张 四
　Mǎi wǔ zhāng liǎng kuài de、wǔ zhāng sì

　毛 的 邮票。
　máo de yóupiào.

■ 买 一 张 明信片、两 个 国际 信封。
　Mǎi yì zhāng míngxìnpiàn、liǎng ge guójì xìnfēng.

■ 请 拿 一 张 包裹单、一 张
　Qǐng ná yì zhāng bāoguǒdān、yì zhāng

　汇款单。
　huìkuǎndān.

寄邮件 Jì Yóujiàn

■ 我 要 往 巴黎 寄 一 封 信，得 贴
　Wǒ yào wǎng Bālí jì yì fēng xìn, děi tiē

　多少 钱 的 邮票?
　duōshao qián de yóupiào?

At the Post Office

Buying stamps, envelopes, etc.

■ I'd like to have five 2-*yuan* and five forty-cent stamps.

■ I'd like to have a post card and two airmail envelopes.

■ May I have a post application and a money order?

Mailing letters or parcels

■ What is the postage for a letter to Paris?

■ 往　广州　寄一封　特快　专递
Wǎng Guǎngzhōu jì yì fēng tèkuài zhuāndì

要　多少　钱?
yào duōshao qián?

■ 这　封　信　超重　了吗?
Zhè fēng xìn chāozhòng le ma?

■ 能　把这个　东西　包装　一下吗?
Néng bǎ zhège dōngxi bāozhuāng yíxià ma?

■ 这个　包裹　寄　航空　多　长　时间
Zhège bāoguǒ jì hángkōng duō cháng shíjiān

能　到　东京?
néng dào Dōngjīng?

■ How much does it cost to send an EMS to Guangzhou?

■ Is the letter overweight?

■ Could you please pack this for me?

■ How long does it take to send the parcel to Tokyo?

7 在理发店 Zài Lǐfàdiàn

理发 Lǐ Fà

■ 我 想 理 个 发。
Wǒ xiǎng lǐ ge fà.

■ 理 个 发 多少 钱?
Lǐ ge fà duōshao qián?

■ 您 看 我 理 什么 发型 好?
Nín kàn wǒ lǐ shénme fàxíng hǎo?

■ 我 想 把 头发 剪短 一点儿。
Wǒ xiǎng bǎ tóufa jiǎnduǎn yìdiǎnr.

■ 请 照 原来 的 样子 剪短 一些。
Qǐng zhào yuánlái de yàngzi jiǎnduǎn yìxiē.

■ 不要 剪 得 太 短。
Búyào jiǎn de tài duǎn.

At the Barber's and Hairdresser's

■ I'd like to have my hair cut.

■ How much for a haircut?

■ What hairstyle do you think I should wear?

■ I just want a short cut.

■ Just keep the original style, but cut my hair shorter.

■ Not too short.

■ 就 照 这个 发型 给 我 剪。
　Jiù zhào zhège fàxíng gěi wǒ jiǎn.

■ 您 看 怎么 好 就 怎么 理 吧，随便。
　Nín kàn zěnme hǎo jiù zěnme lǐ ba, suíbiàn.

■ 理完 以后，打点儿 摩丝。
　Lǐwán yǐhòu, dǎ diǎnr mósī.

焗油 Jú Yóu

■ 焗次油 多少 钱？
　Jú cì yóu duōshao qián？

■ 焗次油 得花 多 长 时间？
　Jú cì yóu děi huā duō cháng shíjiān？

■ 哪 种 焗油膏 的 效果 最 好？
　Nǎ zhǒng júyóugāo de xiàoguǒ zuì hǎo？

■ 你们 这儿 都 有 什么 颜色 的 焗油膏？
　Nǐmen zhèr dōu yǒu shénme yánsè de júyóugāo？

■ 现在 什么 颜色 比较 流行？
　Xiànzài shénme yánsè bǐjiào liúxíng？

■ 这 种 颜色 适合 我 吗？
　Zhè zhǒng yánsè shìhé wǒ ma？

■ I'd like my hair cut in this style.

■ It's up to you to decide my hairstyle.

■ I want some mousse after you cut it short.

Treating hair with cream

■ How much does it cost for a hair treatment?

■ How long does it take to treat the hair?

■ Which brand of the hair treatment cream is the best?

■ What colors of the treatment cream do you have?

■ What color is popular now?

■ Does this color fit me?

■ 染完 以后，这 种 颜色 能 保持
Rǎnwán yǐhòu, zhè zhǒng yánsè néng bǎochí

多 长 时间？
duō cháng shíjiān?

■ 我 想 把 头发 染成 红色 的。
Wǒ xiǎng bǎ tóufa rǎnchéng hóngsè de.

■ How long will the color stay after the dye?

■ I'd like to have my hair dyed red.

8 在医院 Zài Yīyuàn

挂号 Guà Hào

■ （请 给 我 ）挂 个 内科。
(Qǐng gěi wǒ) guà ge nèikē.

■ 我 腰 疼，挂 什么 科?
Wǒ yāo téng, guà shénme kē?

■ 您 这儿 有 眼科 吗?
Nín zhèr yǒu yǎnkē ma?

介绍病情 Jièshào Bìngqíng

■ 我 有点儿 咳嗽。
Wǒ yǒudiǎnr késou.

■ 我 头 疼 得 很 厉害。
Wǒ tóu téng de hěn lìhai.

At the Hospital

Registering

■ I'd like to register at the department of internal medicine.

■ I have a lumbago. Which department shall I register at?

■ Do you have ophthalmology here?

Telling the doctor how one feels

■ I have some cough.

■ I have a bad headache.

■ 我 嗓子 疼，鼻子 不 通气。
Wǒ sǎngzi téng, bízi bù tōngqì.

■ 我 肚子 疼了 两 天 了，有时 疼
Wǒ dùzi téngle liǎng tiān le, yǒushí téng
得 厉害，有时 不 疼。
de lìhai, yǒushí bù téng.

■ 我 昨 晚 发烧 了，现在 还
Wǒ zuó wǎn fāshāo le, xiànzài hái
有点儿 烧。
yǒudiǎnr shāo.

■ 不 知 怎么 回事，这 几 天 我
Bù zhī zěnme huí shì, zhè jǐ tiān wǒ
常常 头晕。
chángcháng tóu yūn.

■ 我 昨天 摔了 一 跤，今天 腰 有点儿
Wǒ zuótiān shuāile yì jiāo, jīntiān yāo yǒudiǎnr
不 舒服。
bù shūfu.

■ 您 看 我 胳膊 上 起了 一些 小
Nín kàn wǒ gēbo shang qǐle yìxiē xiǎo
红 点儿，疼 得 要命。
hóng diǎnr, téng de yàomìng.

■ 我 左面 的 第二 颗 牙 疼。
Wǒ zuǒmiàn de dì-èr kē yá téng.

■ I've got a sore throat and a stuffy nose.

■ I've had a stomachache for two days.
Sometimes I feel a great deal of pain,
while sometimes no pain at all.

■ I had a fever last night, and I'm still
running a temperature now.

■ I wonder why I often feel dizzy these days.

■ I fell down yesterday. And my waist has
been aching a bit today.

■ Here are some red stains on my arm,
which ache terribly.

■ My second tooth on the left hurts.

询问病情 Xúnwèn Bìngqíng

■ 大夫，您 看 我 得 的 是 什么 病？
Dàifu, nín kàn wǒ dé de shì shénme bìng?

■ 大夫，我 的 病 要紧/ 厉害 吗？
Dàifu, wǒ de bìng yàojǐn/ lìhai ma?

■ 我 的 化验 结果 怎么样？ 一切
Wǒ de huàyàn jiéguǒ zěnmeyàng? Yíqiè

正常 吗？
zhèngcháng ma?

■ 得 吃 多 长 时间 的 药，我 的
Děi chī duō cháng shíjiān de yào, wǒ de

病 才能 好？
bìng cái néng hǎo?

■ 不 打 针 行 不 行？
Bù dǎ zhēn xíng bu xíng?

■ 饮食 上 需要 注意 什么 吗？
Yínshí shang xūyào zhùyì shénme ma?

■ 这 种 病 传染 吗？
Zhè zhǒng bìng chuánrǎn ma?

■ 我 一定 得 住院 吗？
Wǒ yídìng děi zhùyuàn ma?

Asking the doctor what's wrong

■ Doctor, what is wrong with me?

■ Doctor, is it serious?

■ How does the test turn out? Everything's OK?

■ For how long do I have to take the medicines before I recover?

■ Do I have to have an injection?

■ What diet shall I keep to?

■ Is it infectious?

■ Do I have to be hospitalized?

9 在书店 Zài Shūdiàn

问讯 Wènxùn

■ 请问， 有《×××》这本书吗？
Qǐngwèn, yǒu 《× × ×》zhè běn shū ma?

■ 请问， 您这儿有关于汉语语法
Qǐngwèn, nín zhèr yǒu guānyú Hànyǔ yǔfǎ

的书吗？
de shū ma?

■ 请问， 这儿有哪些中国历史
Qǐngwèn, zhèr yǒu nǎxiē Zhōngguó lìshǐ

方面 的书？
fāngmiàn de shū?

■ 请问， 您这儿有新出版的《汉字
Qǐngwèn, nín zhèr yǒu xīn chūbǎn de 《Hànzì

速成 课本》吗？
Sùchéng Kèběn》ma?

In the Bookstore

Inquiring

■ Excuse me, is ... available here?

■ Excuse me, is there any books on Chinese grammar?

■ Excuse me, what books here are on the Chinese history?

■ Excuse me, do you have the latest *Accelerated course on Chinese Characters*?

■ 请问，《汉字 速成 课本》到了吗？
Qǐngwèn, 《Hànzì Sùchéng Kèběn》dàole ma?

■ 请问， 那本《汉字 速成 课本》还
Qǐngwèn, nà běn 《Hànzì Sùchéng Kèběn》hái

有 卖 的 吗？
yǒu mài de ma?

■ 请问， 这套书单卖吗？
Qǐngwèn, zhè tào shū dān mài ma?

■ 请问， 这本书有磁带吗？
Qǐngwèn, zhè běn shū yǒu cídài ma?

■ 请 您介绍一下，这两本书哪
Qǐng nín jièshào yíxià, zhè liǎng běn shū nǎ

本 更 实用？
běn gèng shíyòng?

■ 买 这么多书，能 给我打（点儿）
Mǎi zhème duō shū, néng gěi wǒ dǎ (diǎnr)

折 吗？
zhé ma?

■ 买 多少 钱 的 书 能 打折？
Mǎi duōshao qián de shū néng dǎ zhé?

■ Excuse me, is the *Accelerated course on Chinese Characters* available now?

■ Excuse me, is the *Accelerated course on Chinese Characters* still available?

■ Excuse me, can I have just one of the books of the set?

■ Excuse me, does the book have any tapes with it?

■ Could you please tell me which of the two books is more practical?

■ Is it possible to give me a discount for so many books?

■ To get a discount, how much money must I spend on the books here?

买书和磁带 Mǎi Shū hé Cídài

■ 我 买 一 本《×××》，给 您 钱。
Wǒ mǎi yì běn 《×××》, gěi nín qián.

■ 请 您给我拿一套《×××》。
Qǐng nín gěi wǒ ná yí tào 《×××》.

■ 我 要 一 本《×××》和 磁带。
Wǒ yào yì běn 《×××》 hé cídài.

Buying books and tapes

■ I'll take a .... Here is the money.

■ Please find me a set of ....

■ I want a ... along with the tapes.

10 在药店 Zài Yàodiàn

问讯 Wènxùn

■ 请问，有治拉肚子的药吗？
　Qǐngwèn, yǒu zhì lā dùzi de yào ma?

■ 这几天我嗓子疼，吃什么药？
　Zhè jǐ tiān wǒ sǎngzi téng, chī shénme yào?

■ 这几种感冒药，哪种
　Zhè jǐ zhǒng gǎnmào yào, nǎ zhǒng
　比较好？
　bǐjiào hǎo?

■ 这种药疗效怎么样？
　Zhè zhǒng yào liáoxiào zěnmeyàng?

■ 这种药怎么吃/服用？
　Zhè zhǒng yào zěnme chī/ fúyòng?

■ 这种药吃了以后有什么副
　Zhè zhǒng yào chīle yǐhòu yǒu shénme fù
　作用吗？
　zuòyòng ma?

At the Pharmacy

Inquiring

■ Excuse me, do you have any medicine for diarrhea?

■ I have had a sore throat for days. What medicine would you recommend?

■ Which of these medicines for cold is better?

■ Is the medicine effective?

■ How to take the medicine?

■ Does this medicine have any side effects?

■ 这 种 药，没有 处方 可以 买 吗?
Zhè zhǒng yào, méiyǒu chǔfāng kěyǐ mǎi ma?

买 药 Mǎi Yào

■ 请 您按这个 处方 给我 拿药。
Qǐng nín àn zhège chǔfāng gěi wǒ ná yào.

■ 请 您给我拿一盒 感冒 药。
Qǐng nín gěi wǒ ná yì hé gǎnmào yào.

■ 我要一瓶 止咳 糖浆。
Wǒ yào yì píng zhǐké tángjiāng.

■ Can I have this medicine without a prescription?

Buying medicine

■ I'd like to have this prescription filled.

■ Could I have a pack of medicine for cold?

■ I'd like a bottle of syrup.

11 在公共汽车上
Zài Gōnggòng Qìchē Shang

问路 Wèn Lù

■ 请问，去人民医院在哪儿下车？
Qǐngwèn, qù Rénmín Yīyuàn zài nǎr xià chē?

■ 请问，下一站是什么地方？
Qǐngwèn, xià yí zhàn shì shénme dìfang?

■ 请问，去人民医院还要坐
Qǐngwèn, qù Rénmín Yīyuàn hái yào zuò

几站？
jǐ zhàn?

■ 请问，去文化广场，哪站
Qǐngwèn, qù Wénhuà Guǎngchǎng, nǎ zhàn

下车比较近？
xià chē bǐjiào jìn?

■ 请问，去文化广场，下车
Qǐngwèn, qù Wénhuà Guǎngchǎng, xià chē

以后怎么走？
yǐhòu zěnme zǒu?

On the Bus

Inquiring

■ Excuse me, I want to go to the People's Hospital. At which stop shall I get off?

■ Excuse me, what's the next stop?

■ Excuse me, how many stops are there from here to the People's Hospital?

■ Excuse me, what's the nearest stop to the Culture Square?

■ Excuse me, could you tell me how to get to the Culture Square after I get off the bus?

■ 请问，去 天坛 饭店 要 换
Qǐngwèn, qù Tiāntán Fàndiàn yào huàn

车 吗?
chē ma?

■ 请问，到 颐和园 换 几 路 车?
Qǐngwèn, dào Yíhéyuán huàn jǐ lù chē?

买票 Mǎi Piào

■ 我 买 一 张 到 前门 的 票,
Wǒ mǎi yì zhāng dào Qiánmén de piào,

多少 钱?
duōshao qián?

■ 我 到 前门, 多少 钱?
Wǒ dào Qiánmén, duōshao qián?

■ 前门, 一 张。
Qiánmén, yì zhāng.

■ Excuse me, do I need to change a bus to the Tiantan Hotel?

■ Excuse me, which bus shall I change to the Summer Palace?

Buying a ticket

■ How much is a ticket to Qianmen?

■ How much is it to Qianmen?

■ One ticket to Qianmen.

12 在出租汽车上
Zài Chūzū Qìchē Shang

交代 Jiāodài

■ 去 北京 饭店。
Qù Běijīng Fàndiàn.

■ 去 首都 机场, 多少 钱?
Qù Shǒudū Jīchǎng, duōshao qián?

■ 请 送 我 去 这个 地方。
Qǐng sòng wǒ qù zhège dìfang.

（向司机出示地址或地图）

建议 Jiànyì

■ 师傅, 您 开 快 点儿, 我 赶 时间。
Shīfu, nín kāi kuài diǎnr, wǒ gǎn shíjiān.

■ 师傅, 您 开 慢 点儿, 我 有点儿
Shīfu, nín kāi màn diǎnr, wǒ yǒu diǎnr

头 晕。
tóu yūn.

On the Taxi

Telling the driver where to go

■ Beijing Hotel, please.

■ How much is it to the Capital Airport?

■ Take me to this place, please.
(*showing the driver the address or a map*)

Giving the driver a suggestion

■ Excuse me, could you drive a bit faster?
I'm in a hurry.

■ Excuse me, could you please drive more
slowly? I feel dizzy.

■ 师傅，请 您 在 前面 那个 路口
Shīfu, qǐng nín zài qiánmian nàge lùkǒu

左 拐。
zuǒ guǎi.

■ 师傅，请 您 靠边儿 停 一下。
Shīfu, qǐng nín kào biānr tíng yíxià.

■ 师傅，我 在 前边 那座大楼那儿
Shīfu, wǒ zài qiánbian nà zuò dàlóu nàr

下 车。
xià chē.

■ 师傅，请 您 使用 计价器／打 表。
Shīfu, qǐng nín shǐyòng jìjiàqì/ dǎ biǎo.

问讯 Wènxùn

■ 到 北京 饭店 大概 需要 多 长
Dào Běijīng Fàndiàn dàgài xūyào duō cháng

时间？
shíjiān?

■ 又 堵 车 了，您 看 还 来 得 及 吗？
Yòu dǔ chē le, nín kàn hái lái de jí ma?

■ 堵 车 了，还 有 别 的 路 可以 到
Dǔ chē le, hái yǒu bié de lù kěyǐ dào

那儿 吗？
nàr ma?

■ Excuse me, please turn left at the next intersection.

■ Excuse me, pull over here, please.

■ Excuse me, please stop in front of the building ahead.

■ Driver, please use the fee register.

Asking for information

■ How long does it take to the Beijing Hotel?

■ Oh no, we're stuck in a traffic jam. Do you think we can make it?

■ We are held in a traffic jam. Can we take another road to get there?

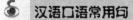

■ 去 那儿 有 没有 近 路?
　Qù nàr yǒu méiyǒu jìn lù?

与司机聊天 Yǔ Sījī Liáotiān

■ 师傅，您 这 车 买了 多 长 时间 了?
　Shīfu, nín zhè chē mǎile duō cháng shíjiān le?

■ 师傅，您 开 出租车 开了 多　长
　Shīfu, nín kāi chūzūchē kāile duō cháng

　时间 了?
　shíjiān le?

■ 您 觉得 开 出租车 辛苦 吗?
　Nín juéde kāi chūzūchē xīnkǔ ma?

■ 您 一 天 得 工作 多少 个 小时?
　Nín yì tiān děi gōngzuò duōshao ge xiǎoshí?

■ Can we take a shortcut?

Chatting with the driver

■ Driver, how long have you had the car?

■ Driver, how long have you been a taxi-driver?

■ Do you think driving a taxi a hard job?

■ How many hours do you work a day?

13 在火车站 Zài Huǒchēzhàn

问讯 Wènxùn

■ 劳驾 问 一下，问讯处 在 哪儿？
Láojià wèn yíxià, wènxùnchù zài nǎr?

■ 请问， 售票处 在 哪儿？
Qǐngwèn, shòupiàochù zài nǎr?

■ 请问， 去 上海 有 哪 几 趟 车？
Qǐngwèn, qù Shànghǎi yǒu nǎ jǐ tàng chē?

■ 请问， 下 一 趟 去 天津 的 火车
Qǐngwèn, xià yí tàng qù Tiānjīn de huǒchē

是 几 点 的？
shì jǐ diǎn de?

■ 请问， 在 哪儿 退 票？
Qǐngwèn, zài nǎr tuì piào?

■ 四十七 次 列车 几 点 发 车？
Sìshíqī cì lièchē jǐ diǎn fā chē?

■ 四十七 次 在 几 站台？
Sìshíqī cì zài jǐ zhàntái?

At the Railway Station

Inquiring

■ Excuse me, could you tell me where is the inquiry desk?

■ Excuse me, where is the book office?

■ Excuse me, could you tell me which trains go to Shanghai?

■ Excuse me, when will the next train to Tianjin leave?

■ Excuse me, where can I return the ticket?

■ When will Train 47 leave?

■ At which platform is Train 47?

■ 四十七次 经过 武汉 吗?
Sìshíqī cì jīngguò Wǔhàn ma?

■ 四十七次 在 武汉 停 吗?
Sìshíqī cì zài Wǔhàn tíng ma?

■ 四十七次 什么 时候 到 广州?
Sìshíqī cì shénme shíhou dào Guǎngzhōu?

■ 四十七次 到 广州 要多 长
Sìshíqī cì dào Guǎngzhōu yào duō cháng
时间?
shíjiān?

■ 四十七次 什么 时候 进 站?
Sìshíqī cì shénme shíhou jìn zhàn?

■ 四十七次 晚点 多 长 时间?
Sìshíqī cì wǎndiǎn duō cháng shíjiān?

- Is Wuhan on the route of Train 47?

- Will Train 47 stop at Wuhan?

- When will Train 47 arrive at Guangzhou?

- How long will it take for Train 47 to get to Guangzhou?

- When will Train 47 pull in?

- For how long is Train 47 late?

买票 Mǎi Piào

■ 买 一 张 八 号 十三 次 的
Mǎi yì zhāng bā hào shísān cì de
硬卧 (票)。
yìngwò (piào).

■ 买 一 张 九 点 四十 去 天津 的
Mǎi yì zhāng jiǔ diǎn sìshí qù Tiānjīn de
软座 票。
ruǎnzuò piào.

■ 有 没有 八 号 到 上海 的
Yǒu méiyǒu bā hào dào Shànghǎi de
卧铺 (票)?
wòpù (piào)?

■ 有 从 上海 回来 的 返程
Yǒu cóng Shànghǎi huílai de fǎnchéng
车票 吗?
chēpiào ma?

■ 请 您 给 我 一 张 下铺。
Qǐng nín gěi wǒ yì zhāng xiàpù.

286

Buying a ticket

- A ticket for hard sleeping berth on Train 13 on the eighth.

- A soft-seat ticket to Tianjin at 9:40.

- Are the tickets for berths to Shanghai on the eighth available?

- Can I have a return ticket from Shanghai?

- I'd like a ticket for the lower berth.

上火车 Shàng Huǒchē

■ 十号 车厢 往 哪边 走?
Shí hào chēxiāng wǎng nǎbiān zǒu?

■ 我 的 票 是 十号 车厢 八号
Wǒ de piào shì shí hào chēxiāng bā hào

中铺。
zhōngpù.

■ 餐车 在 几号 车厢?
Cānchē zài jǐ hào chēxiāng?

Getting on the train

■ Where is Carriage 10?

■ Here's my ticket — berth 8 in Carriage 10, the middle one.

■ In which carriage is the dining car?

14 在飞机场 Zài Fēijīchǎng

办理登机手续 Bànlǐ Dēng Jī Shǒuxù

■ 交 机场 建设费。
Jiāo jīchǎng jiànshèfèi.

■ 这 是 我的 机票、护照。
Zhè shì wǒ de jīpiào、hùzhào.

■ 这些 行李 需要 托运。
Zhèxiē xíngli xūyào tuōyùn.

海关检查 Hǎiguān Jiǎnchá

■ 我 没有 需要 申报 的 东西。
Wǒ méiyǒu xūyào shēnbào de dōngxi.

■ 这些 东西 需要 报关 吗?
Zhèxiē dōngxi xūyào bàoguān ma?

■ 这些 都是 我的 随身 物品。
Zhèxiē dōu shì wǒ de suíshēn wùpǐn.

At the Airport

Checking in

■ I'd like to pay the airport construction fee.

■ Here's my ticket and passport.

■ I'd like to have my luggage checked.

At the customs

■ I have nothing to declare.

■ Are these articles to be declared?

■ These are my personal things.

■ 这架 照相机 是我个人 使用 的。
Zhè jià zhàoxiàngjī shì wǒ gèrén shǐyòng de.

■ 这个 大约 价值 二百 美元。
Zhège dàyuē jiàzhí èrbǎi Měiyuán.

■ 我 一共 带了 三件 行李。
Wǒ yígòng dàile sān jiàn xíngli.

安全检查 Ānquán Jiǎnchá

■ 这 是 我 的 护照。
Zhè shì wǒ de hùzhào.

■ 我 的 护照 有 什么 问题 吗?
Wǒ de hùzhào yǒu shénme wèntí ma?

■ 我 可以 和 我 国 的 领事馆 通
Wǒ kěyǐ hé wǒ guó de lǐngshìguǎn tōng
电话 吗?
diànhuà ma?

■ The camera is for my own use.

■ This worths about 200 US dollars.

■ I have three pieces of luggage altogether.

Security inspection

■ Here's my passport.

■ Any problem with my passport?

■ May I make a call to my consulate?

15 在旅行社 Zài Lǚxíngshè

问讯 Wènxùn

■ "十一" 期间 你们 有 去 黄 山 的
　"Shíyī" qījiān nǐmen yǒu qù Huáng Shān de
　旅行团 吗?
　lǚxíngtuán ma?

■ 你们 的 旅行团 大概 有 多少 人?
　Nǐmen de lǚxíngtuán dàgài yǒu duōshao rén?

■ 都 乘坐 什么 交通 工具?
　Dōu chéngzuò shénme jiāotōng gōngjù?

■ 我们 住 什么样 的 宾馆?
　Wǒmen zhù shénmeyàng de bīnguǎn?

■ 报 名 的 截止 日期 是 什么 时候?
　Bào míng de jiézhǐ rìqī shì shénme shíhou?

■ 费用 一共 是 多少?
　Fèiyòng yígòng shì duōshao?

■ 旅行费 包括 哪些 具体 费用?
　Lǚxíngfèi bāokuò nǎxiē jùtǐ fèiyòng?

294

At the Travel Agency

Asking for infomation

■ Is there any tourist group to the Huang-shan Mountain during the National Day holidays?

■ How many people are there in your tourist group?

■ What means of transport shall we take?

■ What kind of hotel will we stay at?

■ When is the deadline for the application?

■ What is the total expense?

■ What will the charge cover?

■ 旅行团 哪 天 出发？去 几 天？
Lǚxíngtuán nǎ tiān chūfā? Qù jǐ tiān?

什么 时候 回来？
Shénme shíhou huílai?

预订车票、机票 Yùdìng Chēpiào、Jīpiào

■ 我 要 订 一 张 后天 到 上海
Wǒ yào dìng yì zhāng hòutiān dào Shànghǎi

的 火车票。
de huǒchēpiào.

■ 我 要 订 一 张 八 号 十三 次 到
Wǒ yào dìng yì zhāng bā hào shísān cì dào

上海 的 卧铺（票）。
Shànghǎi de wòpù (piào).

■ 我 要 订 一 张 下 周一 去 广州
Wǒ yào dìng yì zhāng xià zhōuyī qù Guǎngzhōu

的 飞机票。
de fēijīpiào.

■ 我 要 一 张 经济舱。
Wǒ yào yì zhāng jīngjìcāng.

■ 可以 预订 往返 票 吗？
Kěyǐ yùdìng wǎngfǎn piào ma?

■ When will the tourist group leave? For how many days? And when will it come back?

Booking a train or flight ticket

■ I'd like to book a train ticket to Shanghai for the day after tomorrow.

■ I'd like to book a ticket for berth on Train 13 to Shanghai on the eighth.

■ I'd like to book a seat on a flight to Guangzhou for next Monday.

■ I'd like a ticket for the economy class.

■ Can I book a round-way ticket?

16 请客与做客
Qǐng Kè yǔ Zuò Kè

作为主人 Zuòwéi Zhǔrén

迎客 Yíng Kè

- 是……啊,快 进来!
  Shì…… a, kuài jìnlai!

- 来,来,来,快 请 屋里 坐!
  Lái, lái, lái, kuài qǐng wūli zuò!

- 真 是稀客,快 请 进!
  Zhēn shì xīkè, kuài qǐng jìn!

- 什么 风 把 你 吹来 了?
  Shénme fēng bǎ nǐ chuīlai le?

招待 Zhāodài

- 请 坐,喝 点儿 什么?
  Qǐng zuò, hē diǎnr shénme?

Receiving Or Being a Guest

As the host

Meeting a guest

■ It's …. Come in!

■ Come on in, and have a seat please.

■ Hi, what a rase guest! Come in, please.

■ What brings you here?

Entertaining a guest

■ Sit down, please. What would you like to drink?

■ 来，喝点儿茶吧。
Lái, hē diǎnr chá ba.

■ 吃点儿 水果 吧。
Chī diǎnr shuǐguǒ ba.

☺

挽留及送客 Wǎnliú jí Sòng Kè

■ 时间 还早，再坐 一会儿 吧。
Shíjiān hái zǎo, zài zuò yíhuìr ba.

■ 天 还早，多 待 会儿。
Tiān hái zǎo, duō dāi huìr.

■ 慢 走! 有 空儿 再来!
Màn zǒu! Yǒu kòngr zài lái!

■ 欢迎 再来! 再见!
Huānyíng zài lái! Zàijiàn!

■ 回头 见! 不 送 了!
Huítóu jiàn! Bú sòng le!

（用于熟人）

■ Here you are，have some tea please.

■ Have some fruit，please.

Asking a guest to stay and seeing him or her off

■ It's still early. Please stay.

■ It's still early. Stay a bit longer.

■ Be careful! Drop in when you are free.

■ Welcome to our home again! See you.

■ I will not see you off. Bye now!
(*between acquaintances*)

作为客人 Zuòwéi Kèrén

见面问候 Jiànmiàn Wènhòu

■ 好久 没 来 了，今天 来 看看 你。
　Hǎojiǔ méi lái le, jīntiān lái kànkan nǐ.
　（用于熟人）

■ 不 好意思，冒昧 来 打扰 您。
　Bù hǎoyìsi, màomèi lái dǎrǎo nín.

感谢招待 Gǎnxiè Zhāodài

■ 你 太 客气 了！
　Nǐ tài kèqi le!

■ 别 客气 了，我 自己 来。
　Bié kèqi le, wǒ zìjǐ lái.

■ 谢谢 你们 准备了 这么 丰盛 的
　Xièxie nǐmen zhǔnbèile zhème fēngshèng de
晚餐。
wǎncān.

As a guest

Greeting the host or hostess

■ I've not come here for a long time. I come specially to see you today. (*between acquaintances*)

■ I wish you won't mind my unexpected visit.

Expressing gratitude for the entertainment

■ It's very kind of you.

■ There's no need to stand on ceremony. Let me do it myself.

■ Thanks so much for such a lavish dinner.

■ 今天 我 真是 大饱 口福，太 谢谢
Jīntiān wǒ zhēnshi dà bǎo kǒufú, tài xièxie

你们 了。
nǐmen le.

临别客气话 Línbié Kèqi Huà

■ 时间 不 早 了，我 该 走 了。
Shíjiān bù zǎo le, wǒ gāi zǒu le.

■ 我 还 有 别 的 事，我 得 走 了。
Wǒ hái yǒu bié de shì, wǒ děi zǒu le.

■ 您 别 送 了，外边 挺 冷 的。
Nín bié sòng le, wàibiān tǐng lěng de.

■ 请 回 吧，不用 送 了。
Qǐng huí ba, búyòng sòng le.

■ 您 留步，再见！
Nín liúbù, zàijiàn!

I have really satisfied my appetite for deli-
cious food today. Thank you very much.

Polite formulas for taking leave

Oh, it's so late. I have to go.

I have to go now. I have something else
to attend to.

Please don't bother to see me out. It's
cold outside.

Don't bother to come any further.
Please go back.

Don't bother to come any further,
please. See you.

17 在服装店
Zài Fúzhuāngdiàn

询问 Xúnwèn

■ 您 这儿 有 真丝 连衣裙 吗?
Nín zhèr yǒu zhēnsī liányīqún ma?

■ 有 没有 中式 棉袄?
Yǒu méiyǒu zhōngshì mián'ǎo?

■ 有 "Lee" 牌儿 牛仔裤 吗?
Yǒu "lì" páir niúzǎikù ma?

■ 那 种 白色 毛衣 还 有 货 吗?
Nà zhǒng báisè máoyī hái yǒu huò ma?

At the Clothing Store

Inquiring

■ Do you have a one-piece dress made of pure silk?

■ Do you have a cotton-padded jacket of the Chinese style?

■ Do you have the Lee Brand of jeans?

■ Is the white sweater still available?

挑选 Tiāoxuǎn

■ 这 是 中 号 的，请 您 给 我 拿
Zhè shì zhōng hào de, qǐng nín gěi wǒ ná
件 大 号 的。
jiàn dà hào de.

■ 这 件 颜色 太 亮，有 没有 暗
Zhè jiàn yánsè tài liàng, yǒu méiyǒu àn
一点儿 的？
yìdiǎnr de?

■ 这 条 裤子 有点儿 瘦，请 您 拿
Zhè tiáo kùzi yǒu diǎnr shòu, qǐng nín ná
条 肥点儿 的。
tiáo féi diǎnr de.

■ 这 件 衣服 有点儿 问题，请 您
Zhè jiàn yīfu yǒu diǎnr wèntí, qǐng nín
换 一 件。
huàn yí jiàn.

Choosing clothes

- This is of medium size. Please bring me a big one.

- The color of this one is too bright. Do you have a darker one?

- The trousers are a bit too tight for me. Bring me a bigger one, please.

- There's something wrong with this clothes. Could you change one for me?

讨价还价 Tǎo Jià Huán Jià

■ 太 贵 了，便宜 一点儿 吧！
Tài guì le, piányi yìdiǎnr ba!

■ 便宜 点儿 吧，下次 还 上 你 这儿
Piányi diǎnr ba, xià cì hái shàng nǐ zhèr
来 买。
lái mǎi.

■ 再 便宜 点儿，下次 我 多 带 几 个
Zài piányi diǎnr, xià cì wǒ duō dài jǐ ge
朋友 来。
péngyou lái.

■ 便宜 点儿 啦，薄利 多 销 嘛！
Piányi diǎnr la, báo lì duō xiāo ma!

Making a bargain

■ It's too expensive. Can I have it a bit cheaper?

■ Can you make it cheaper? I'll come next time.

■ Could you sell it to me a bit cheaper? I will bring more friends here next time.

■ Can I have it a bit cheaper? You will get small profits but quick returns!

18 在照相馆
Zài Zhàoxiàngguǎn

照相 Zhào Xiàng

■ 我要照张相。
Wǒ yào zhào zhāng xiàng.

■ 我要照张证件照。
Wǒ yào zhào zhāng zhèngjiànzhào.

■ 我要照一张两寸黑白
Wǒ yào zhào yì zhāng liǎng cùn hēibái

的标准照。
de biāozhǔnzhào.

■ 我要照一张一寸的彩色
Wǒ yào zhào yì zhāng yí cùn de cǎisè

照片。
zhàopiàn.

At the Photo Studio

Taking a photograph

■ I'd like to have a picture taken.

■ I'd like to have a photo taken for certificates.

■ I'd like to have a two-inch black-and-white picture of the passport size.

■ I'd like to take a color picture of one inch.

洗相 Xǐ Xiàng

■ 我 要 洗 两 个 胶卷。
  Wǒ yào xǐ liǎng ge jiāojuǎn.

■ 加 洗 五 张。
  Jiā xǐ wǔ zhāng.

■ 这 几 张 要 加洗，按 人 头 洗。
  Zhè jǐ zhāng yào jiāxǐ, àn réntóu xǐ.

■ 这些 照片，每 个 洗 三 张。
  Zhèxiē zhàopiàn, měi ge xǐ sān zhāng.

■ 我 想 放大 这 张 照片。
  Wǒ xiǎng fàngdà zhè zhāng zhàopiàn.

Developing film

■ I'd like to have the two rolls of films developed.

■ I want five extra prints of this photo.

■ I'd like to have the negatives developed according to the number of people in each of them.

■ Three extra prints for each of these negatives.

■ I'd like this photo enlarged.

■ 放大 八 寸。
　Fàngdà bā cùn.

■ 加快/立等 取要多 长 时间?
　Jiākuài/lìděng qǔ yào duō cháng shíjiān?

■ 多 长 时间 能 洗好?
　Duō cháng shíjiān néng xǐhǎo?

■ 哪天 可以取?
　Nǎ tiān kěyǐ qǔ?

取相 Qǔ Xiàng

■ 取 相!
　Qǔ xiàng!

■ 这 张 照片 洗得不好，请您
　Zhè zhāng zhàopiàn xǐ de bù hǎo, qǐng nín
　重新 洗一下。
　chóngxīn xǐ yíxià.

■ 这 张 照片 的 颜色 太暗，请
　Zhè zhāng zhàopiàn de yánsè tài àn, qǐng
　您再洗一 张。
　nín zài xǐ yì zhāng.

■ I'd like this one blown up to 8 inches.

■ How long does it take for an express /
· instant service?

■ How long does it take to develop the
photos?

■ When can I collect them?

Picking up the photos

■ I'm here for my photos.

■ This picture is not developed well.
Could you make another one?

■ This picture is too dark. Could you make
another one?

19 在宾馆 Zài Bīnguǎn

订房间 Dìng Fángjiān

- 你们 有 空 房间 吗?
  Nǐmen yǒu kòng fángjiān ma?

- 你们 有 单人间 / 标准间 /
  Nǐmen yǒu dānrénjiān / biāozhǔnjiān /
  套间 吗?
  tàojiān ma?

- 标准间 一 天 多少 钱?
  Biāozhǔnjiān yì tiān duōshao qián?

- 有 没有 便宜 一点儿 的 房间?
  Yǒu méiyǒu piányi yìdiǎnr de fángjiān?

- 长期 包租,一 个 月 多少 钱?
  Chángqī bāozū, yí ge yuè duōshao qián?

- 房间 里 设施 齐全 吗?
  Fángjiān li shèshī qíquán ma?

- 我 能 看看 房间 吗?
  Wǒ néng kànkan fángjiān ma?

At the Hotel

Reserving a room

■ Is there any room vacant?

■ Have you got a single room/standard room/suite?

■ How much is a standard room for a night?

■ Do you have any cheaper room?

■ How much is it per month for a long-term cherter?

■ Is the room well equipped?

■ Could you take me to see the room?

■ 我 要 个 朝 南 的、带 阳 台 的
Wǒ yào ge cháo nán de, dài yángtái de
房间。
fángjiān.

■ 我 要 预订 一 个 标准间，下 周一
Wǒ yào yùdìng yí ge biāozhǔnjiān, xià zhōuyī
来 住。
lái zhù.

需要服务 Xūyào Fúwù

■ 请 马上 帮 我 打扫 房间。
Qǐng mǎshàng bāng wǒ dǎsǎo fángjiān.

■ 这 会儿 不 需要 打扫，过 两 个
Zhè huìr bù xūyào dǎsǎo, guò liǎng ge
小时 再来。
xiǎoshí zài lái.

■ 请 不 要 让 人 来 打扰 我。
Qǐng bú yào ràng rén lái dǎrǎo wǒ.

■ 如果 有 人 来 找 我，请 告诉 他
Rúguǒ yǒu rén lái zhǎo wǒ, qǐng gàosu tā
等 一下。
děng yíxià.

■ 请 给 我 换 一 条 床单。
Qǐng gěi wǒ huàn yì tiáo chuángdān.

■ I'd like a room facing the south with a balcony.

■ I want to reserve a standard room for next Monday.

Room service

■ Please clean my room right now.

■ Come and clean the room two hours later.

■ No disturbance, please.

■ Tell him to wait a minute if someone comes to visit me.

■ Could you please change the sheet?

■ 请 给我 送 一 瓶 开水。
　Qǐng gěi wǒ sòng yì píng kāishuǐ.

■ 请 叫 修理工 来 修理 一下 水龙头。
　Qǐng jiào xiūlǐgōng lái xiūlǐ yíxià shuǐlóngtóu.

■ 请 替我 叫 一 辆 出租车。
　Qǐng tì wǒ jiào yí liàng chūzūchē.

■ Please bring me a bottle of hot water.

■ Please send the plumber to fix the tap.

■ Could you please call a taxi for me?

20 在旅游景点
Zài Lǚyóu Jǐngdiǎn

■ 请 您 给 我们 照 张 相，
Qǐng nín gěi wǒmen zhào zhāng xiàng,

行 吗？
xíng ma?

（请旁人帮忙时说）

■ 这儿 让 拍照 吗？
Zhèr ràng pāizhào ma?

■ 这 附近 有 卖 胶卷 的 吗？
Zhè fùjìn yǒu mài jiāojuǎn de ma?

■ 这 附近 有 厕所 吗？
Zhè fùjìn yǒu cèsuǒ ma?

■ 请问， 最近 的 出口 在 哪儿？
Qǐngwèn, zuì jìn de chūkǒu zài nǎr?

At the Tourist Attraction

■ Excuse me,could you take a picture for us?
(*asking a favor from a passer-by*)

■ Can I take a picture here?

■ Can I buy films around here?

■ Is there a toilet around here?

■ Excuse me, where is the nearest exit?